REDES NEURAIS:
Fundamentos e Aplicações com Programas em C

Oswaldo Ludwig Jr.
Eduard Montgomery Meira Costa

Redes Neurais: Fundamentos e Aplicações com Programas em C

Copyright© 2007 Editora Ciência Moderna Ltda.

Todos os direitos para a língua portuguesa reservados pela EDITORA CIÊNCIA MODERNA LTDA.

Nenhuma parte deste livro poderá ser reproduzida, transmitida e gravada, por qualquer meio eletrônico, mecânico, por fotocópia e outros, sem a prévia autorização, por escrito, da Editora.

Editor: Paulo André Pitanga Marques
Capa: Raul Rangel
Diagramação: Antonielle Nunes
Revisão de Provas: Camila Cabete Machado

Várias **Marcas Registradas** aparecem no decorrer deste livro. Mais do que simplesmente listar esses nomes e informar quem possui seus direitos de exploração, ou ainda imprimir os logotipos das mesmas, o editor declara estar utilizando tais nomes apenas para fins editoriais, em benefício exclusivo do dono da Marca Registrada, sem intenção de infringir as regras de sua utilização.

FICHA CATALOGRÁFICA

Ludwig Jr., O. e Costa, Eduard Montgomery M.
Redes Neurais: Fundamentos e Aplicações com Programas em C
Rio de Janeiro: Editora Ciência Moderna Ltda. 2007

Inteligência Artificial; Modelos Matemáticos; Simulação; Sistema de Controle; Algoritmos
I–Título

ISBN: 978-85-7393-619-3

CDD 001.535
511.8

Editora Ciência Moderna Ltda.
Rua Alice Figueiredo, 46
CEP: 20950-150, Riachuelo – Rio de Janeiro – Brasil
Tel.: (021) 2201-6662 – Fax: (021) 2201-6896
E-mail: LCM@LCM.COM.BR
WWW.LCM.COM.BR

08/07

AGRADECIMENTOS

A todos os heróis que desbravam os segredos da natureza. Exploradores de terras imaginárias, nas quais se deve fazer escala durante a inevitável viagem da vida rumo à conquista do universo.

E, em especial, a todo brasileiro que abdica das conveniências financeiras, para dedicar a sua vida à ciência.

*Este livro é dedicado a **Osvaldo Ludwig** (in memoriam) e às famílias dos autores.*

PREFÁCIO

As redes neurais artificiais estão fundamentadas em diversas disciplinas, tais como: neurociência, matemática, estatística, física, ciência da computação e engenharia. O emprego destes algoritmos é igualmente amplo. Modelagem, análise de séries temporais, reconhecimento de padrões, processamento de sinais e controle, são alguns exemplos de aplicações.

A maior virtude das redes neurais é a capacidade de aprender a partir dos dados de entrada com ou sem um professor. Esta habilidade tem tornado o uso destes algoritmos cada vez mais freqüente. Desde seu ressurgimento, ocorrido no início dos anos 80, esta técnica de Inteligência Artificial (I.A.) foi a que mais evoluiu, despertando o interesse de um grande número de pesquisadores em todo o mundo.

Este livro aborda de maneira didática e objetiva os aspectos mais importantes à compreensão e ao uso das redes neurais artificiais, reunindo em um só trabalho teoria, exemplos e detalhes importantes para a implementação destes algoritmos, poupando o leitor da árdua tarefa de busca em inúmeros textos pelo conteúdo necessário para a formação de um entendimento consistente sobre o assunto.

Nesse trabalho são descritos de forma objetiva e detalhada, apenas os modelos neurais mais empregados no mercado: o Perceptron, o Perceptron de Múltiplas Camadas e a Rede de Kohonen. Entretanto, o conteúdo deste livro pretende capacitar o leitor a explorar os demais paradigmas neurais. Aqui são apresentados programas em C, uma linguagem mais universal no mundo da computação, para a realização dos algoritmos de treinamento das redes neurais, de forma a ampliar o entendimento do leitor, tendo este livro a apresentação de exemplos detalhados no passo a passo, bem como vários exercícios para a maior fixação do seu conteúdo.

SUMÁRIO

1 INTRODUÇÃO 1

  1.1 SOBRE A INTELIGÊNCIA ARTIFICIAL 1

    1.1.1 Representação do Conhecimento 2

    1.1.2 Raciocínio 3

    1.1.3 Aprendizado 3

  1.2 BREVE HISTÓRIA SOBRE AS REDES NEURAIS 5

  1.3 VANTAGENS E LIMITAÇÕES DAS REDES NEURAIS 7

  1.4 EXERCÍCIOS 8

2 PRINCÍPIOS DE NEUROCOMPUTAÇÃO 9

  2.1 OS NEURÔNIOS 9

  2.2 A REDE NEURAL 14

  2.3 A ARQUITETURA DA REDE 15

  2.4 O CONTROLE DO APRENDIZADO 16

  2.5 O ALGORITMO DE APRENDIZADO 16

  2.6 O PROBLEMA DE ATRIBUIÇÃO DE CRÉDITO 18

  2.7 EXERCÍCIOS 18

3 O PROJETO DE UMA REDE NEURAL 21

  3.1 COLETA E SELEÇÃO DE DADOS 21

  3.2 CONFIGURAÇÃO DA REDE 22

  3.3 TREINAMENTO 23

  3.4 TESTE 24

  3.5 INTEGRAÇÃO 24

  3.6 EXERCÍCIOS 25

4 O PERCEPTRON 27

  4.1 DESCRIÇÃO 27

  4.2 ALGORITMO DE APRENDIZAGEM DO PERCEPTRON 29

  4.3 EXEMPLOS NUMÉRICOS 31

    4.3.1 Primeiro Exemplo 31

    4.3.2 Segundo Exemplo 35

REDES NEURAIS: Fundamentos e Aplicações com Programas em C

4.4 O PROBLEMA XOR 38
4.5 PROGRAMA EM C PARA PERCEPTRON 41
4.6 EXERCÍCIOS 44
5 PERCEPTRONS DE MÚLTIPLAS CAMADAS 45
5.1 DESCRIÇÃO 45
5.2 A PROPAGAÇÃO DO SINAL 46
5.3 O ALGORITMO DE RETROPROPAGAÇÃO DE ERRO 46
5.4 UM RESUMO DO ALGORITMO 58
5.5 UM EXEMPLO NUMÉRICO 60
5.6 APRENDIZADO PELO GRADIENTE DESCENDENTE 65
5.7 PROGRAMA EM C PARA MLP 67
5.8 EXERCÍCIOS 72
6 A REDE DE KOHONEN 75
6.1 DESCRIÇÃO 75
6.2 O ALGORITMO DA REDE 77
   6.2.1 Processo Competitivo 77
   6.2.2 O Processo Cooperativo 78
   6.2.3 O Processo Adaptativo 79
6.3 ALGORITMO DE TREINAMENTO DA REDE DE KOHONEN 80
6.4 UM EXEMPLO NUMÉRICO 81
6.5 UM PROGRAMA EM C PARA O TREINAMENTO DA REDE DE KOHONEN . 85
6.6 EXERCÍCIOS 89
7 EXTRAÇÃO DE CARACTERÍSTICAS 91
7.1 TRATAMENTOS DOS DADOS PARA O USO EM RNAs 91
7.2 ANÁLISE DE ENTROPIA 92
7.3 ANÁLISE DA DISTÂNCIA DE BATTACHARYYA 93
7.4 COEFICIENTE DE CORRELAÇÃO 95
7.5 MOMENTOS INVARIANTES 97
7.6 ANÁLISE DOS COMPONENTES PRINCIPAIS 100
7.7 EXERCÍCIOS 102
8 EXEMPLOS DE APLICAÇÕES 105
8.1 DETECÇÃO DE FALHAS EM MOTORES DE INDUÇÃO 105
8.2 PREDIÇÃO DE SÉRIES TEMPORAIS 115
8.3 EXERCÍCIOS 121
BIBLIOGRAFIA 123

1
INTRODUÇÃO

Desde muito tempo, os processos intelectivos foram estudados, tendo sempre sido uma curiosidade ao ser humano. Com a Revolução Industrial, o advento da tecnologia e o avanço dos processos automáticos, vários estudos se fizeram presentes ao cotidiano dos que buscavam ampliar as estratégias de redução de problemas de controle de sistemas que apresentavam características não lineares, assim como as perspectivas de estruturas de máquinas inteligentes que pudessem substituir o homem em várias atividades. Entre estes estudos, os computadores baseados na máquina de Von Newmann deram ao mundo novas perspectivas. Mas foi o desenvolvimento das técnicas que imitam o comportamento do cérebro humano que fez muitos destes objetivos serem atingidos, e que se ampliaram bastante nos últimos tempos. Entre estes, encontram-se as Redes Neurais Artificiais, que iniciaram uma nova era nas estratégias de dar cognição e inteligência às máquinas.

1.1 SOBRE A INTELIGÊNCIA ARTIFICIAL

Ludwig Wittgenstein, filósofo austríaco, reconhecido como um dos pensadores mais influentes do Século XX defendia que a linguagem é uma armadilha que pode nos seduzir a tentar definir o indefinível.

REDES NEURAIS: Fundamentos e Aplicações com Programas em C

Talvez o fenômeno da inteligência seja um destes conceitos indefiníveis. Sendo assim, ao invés de tentar definir o termo "Inteligência Artificial", proposto por John MacCarthy em 1965 e alvo de alguma polêmica, definem-se quais as principais habilidades que uma máquina inteligente deve apresentar, conforme segue:

- Capacidade de realizar inferências e resolver problemas;
- Capacidade de planejamento;
- Capacidade de acumular e manipular conhecimento;
- Compreensão de linguagem natural;
- Capacidade de aprender com ou sem supervisão;
- Capacidade de interpretar estímulos sensoriais.

Os dois últimos itens desta lista estão mais intimamente relacionados ao uso de redes neurais.

O aprendizado, o raciocínio indutivo e o tratamento de dados ruidosos são tarefas difíceis para uma máquina de Von Neumann (computador eletrônico atual). Entretanto, são menos complicadas para um neurocomputador ou uma máquina de processamento seqüencial que utilize um algoritmo que simule uma rede neural, cujo processamento se dá em paralelo.

Os elementos fundamentais de um sistema inteligente são: a representação do conhecimento, o raciocínio e a aprendizagem, como serão descritas a seguir.

1.1.1 Representação do Conhecimento

O conhecimento acumulado em uma máquina pode assumir um contexto declarativo ou procedimental. Em uma representação declarativa o conhecimento é armazenado na forma de uma coleção de fatos e relações entre fatos, os quais são manipulados por algum tipo de *motor de inferência*. Um bom exemplo deste tipo de representação pode ser encontrado na linguagem de programação PROLOG (Warren,1977) ou em alguma ferramenta para criação de sistemas especialistas. A

Introdução

representação é procedimental, quando o conhecimento é acumulado na forma de um conjunto de ações ou comandos que, encadeados, apresentam um significado específico.

Não é possível tratar de um problema complexo sem a utilização das duas formas de representação do conhecimento.

1.1.2 Raciocínio

O raciocínio é, basicamente, a capacidade de resolver problemas. Entretanto, a resolução de problemas, invariavelmente, recai em um processo de busca dentro de um espaço de ações e estados possíveis, de forma que se pode afirmar que o raciocínio é um procedimento de busca. As ações são caracterizadas pela aplicação de operadores. Tais operadores promovem a transição de um estado para outro, incorrendo em certo custo. Cada estado permite um número finito de ações, ou seja, um operador só pode ser aplicado se o estado possuir determinadas características necessárias para utilização deste operador.

O problema pode ser descrito como uma árvore, onde o tronco representa o estado inicial, do qual derivam tantos galhos quantos forem os operadores aplicáveis a este estado. Cada um destes galhos representa outro estado, do qual podem derivar outros galhos em uma progressão geométrica, conforme o procedimento de busca se aprofunda.

1.1.3 Aprendizado

Uma definição de aprendizado adotada pela psicologia é a seguinte:

> *"O aprendizado refere-se à mudança do comportamento do paciente diante de uma situação dada, incorrida por suas experiências repetidas naquela situação, desde que essa mudança de comportamento não possa ser explicada com base em tendências de respostas inatas, maturação ou estados temporários do paciente" (Hilgard,1975).*

4   REDES NEURAIS: Fundamentos e Aplicações com Programas em C

Esta definição é tão vaga que a simples introdução de um dado novo em uma célula de uma planilha de cálculo poderia ser considerado como aprendizado, pois a planilha acumularia um conhecimento novo e mudaria o seu comportamento não só para todas as células que contivessem referências à célula alterada, como também poderia mudar o comportamento para futuros dados introduzidos em outras células.

Parece mais produtivo definir as habilidades necessárias para uma máquina aprender do que tentar definir o termo aprendizado. A protopeiria (capacidade de aprender) é um conjunto de habilidades, dentre as quais se podem citar: a capacidade de generalizar; de induzir; de fazer analogias e de receber instrução. As três primeiras destas habilidades tornam possível o aprendizado que tem origem na experiência e a última torna possível que se aprenda com o auxílio de um professor.

Existem duas abordagens distintas para o problema de aprendizagem por máquinas. A primeira opera sobre uma representação simbólica do conhecimento, ou seja, o conhecimento é representado por um repertório limitado de símbolos, cuja composição possibilita a criação de novas expressões significativas, numa estrutura inspirada na linguagem natural. Neste caso, o processamento é seqüencial como em uma inferência lógica e a aprendizagem exige um algoritmo de resolução de problemas, ou seja, algum mecanismo de busca, para integrar o conhecimento novo à base de dados existente e deduzir fatos implícitos que sejam necessários ao processo de aprendizado. A segunda abordagem utiliza uma representação conexionista do conhecimento, ou seja, as informações são representadas pelos valores assumidos por parâmetros livres (pesos sinápticos), que representam o grau de conexão entre os elementos de processamento (neurônios). Estando falando de redes neurais, neste caso o processamento se dá em paralelo e a aprendizagem exige um mecanismo de ajustamento de parâmetros.

Atualmente, bons resultados na implementação de tarefas cognitivas em máquinas, ocorrem por meio da utilização de sistemas conexionistas estruturados ou sistemas híbridos, nos quais ambas as abordagens supracitadas são empregadas em uma técnica que extrai regras de redes

Introdução

neurais treinadas. Sistemas adaptativos baseados em lógica *fuzzy*, que é uma das técnicas de avaliação artificial inteligente baseada em uma matemática específica que lida com possibilidades de definir padrões de linguagens faladas por meio de funções matemáticas em intervalos determinados, também têm tido boa aceitação.

Sabe-se que o aprendizado de coisas difíceis está baseado em um conjunto de outras coisas ligeiramente menos difíceis que já se sabia. A estratégia fundamental é *o princípio de dividir e conquistar*.

1.2 Breve História Sobre as Redes Neurais

As redes neurais artificiais são, provavelmente, a mais antiga técnica de I.A. em uso. Este instrumento foi desenvolvido na década de 40, por Walter Pitts e McCulloch, o primeiro matemático e o segundo neurofisiologista. A idéia era fazer uma analogia entre neurônios biológicos e circuitos eletrônicos, capazes de simular conexões sinápticas pelo uso de resistores variáveis e amplificadores.

Foi ainda na década de 40, que o matemático Johann Von Neumann, propôs a arquitetura dos computadores eletrônicos atuais, em seu trabalho intitulado *"Preliminary Discussion of the Logic Design of an Eletronic Computing Instrument"*. Uma máquina de processamento seqüencial com CPU e memória separados e um ponteiro que registra o endereço do próximo comando a ser executado.

Provavelmente devido ao cômodo resultado destas máquinas, os modelos neurais, capazes de aprender, porém, até então, sem resultados práticos, foram relegados a segundo plano. Entretanto Von Neumann jamais descartou a idéia de explorar as analogias entre o computador e o cérebro. Tal fato pode ser comprovado no texto *"The Computer and the Brain"* publicado postumamente em 1958. Este texto, inacabado, estava sendo preparado para uma prestigiosa série de palestras da Universidade de Yale, a ser proferida em 1956, mas infelizmente o seu estado de saúde impediu a realização.

Em 1949 Donald Hebb escreveu um livro intitulado *"The Organization of Behavior"* (A Organização do Comportamento), defendendo a tese de que o condicionamento psicológico clássico está igualmente presente em qualquer animal, por ser uma propriedade dos neurônios. Hebb foi o primeiro a propor uma lei de aprendizagem especifica para as sinapses dos neurônios. Suas teorias serviram de inspiração para muitos outros pesquisadores.

O primeiro neurocomputador, denominado *Snark*, foi criado por Mavin Minsky, em 1951. Este mecanismo nunca executou qualquer função de processamento interessante, mas serviu de inspiração para projetos posteriores.

Em 1956, classificou-se a Inteligência Artificial em duas vertentes: simbólica e conexionista. A Inteligência Artificial Simbólica tenta simular o comportamento inteligente humano através de uma estrutura lingüistica, desconsiderando os mecanismos responsáveis pelo fenômeno da inteligência. A Inteligência Artificial Conexionista parte da hipótese de que um sistema com alguma estrutura similar à do cérebro humano, apresentaria inteligência.

Em 1957 Frank Rosenblatt criou uma rede neural que foi batizada com o nome Perceptron. Esta rede, cuja origem era uma simulação computacional para a retina, demonstrou como o sistema nervoso visual reconhece padrões. O interesse dos pesquisadores foi despertado, ao que se seguiram intensas pesquisas. Porém Marvin Minsky e Seymor Papert provaram no trabalho intitulado "Perceptrons", que redes neurais de uma única camada como a proposta por Rosenblatt, não são capazes, por exemplo, de resolver problemas simples como a operação lógica XOR (OU exclusivo):

$$\text{A XOR B} \Leftrightarrow (A \ \lor \ B) \ \land \ \lnot(A \ \land \ B).$$

Este trabalho desestimulou os pesquisadores e somente quando, em 1982, John Hopfield apresentou um trabalho, no qual ele descreve um modelo de rede neural, baseado no sistema nervoso de uma lesma, o interesse por tais algoritmos renasceu.

Introdução

1.3 Vantagens e Limitações das Redes Neurais

A rede neural é uma estrutura maciçamente paralela com a habilidade de generalização, ou seja, pode produzir saídas adequadas para entradas que não estavam presentes durante o treinamento. Esta capacidade a diferencia dos demais algoritmos, que apenas processam o que lhes foi ensinado. Entretanto, na prática, as redes não conseguem fornecer solução para problemas muito complexos trabalhando sozinha. A solução é, em geral, obtida decompondo os problemas complexos em um número de tarefas relativamente simples, atribuindo-se às redes neurais um subconjunto de tarefas que coincidam com as capacidades inerentes ao seu treinamento específico. Isso exige a integração das redes neurais a um algoritmo tradicional que administre a distribuição das tarefas entre as redes. Sendo assim, o aprendizado de coisas complexas não pode, ainda, ser totalmente conexionista.

Um dos benefícios das redes neurais, diz respeito ao tratamento de um problema clássico da I.A. que é a representação de um universo não-estacionário (onde as estatísticas mudam com o tempo). Uma rede pode ser projetada para modificar seus pesos sinápticos em tempo real. Também se deve considerar que uma rede neural implementada na forma física (hardware), tem o potencial de ser tolerante a falhas, devido à natureza distribuída com que as informações são armazenadas na rede. Se, por exemplo, um neurônio ou suas conexões fossem danificadas, haveria perda de qualidade, porém a resposta global da rede, provavelmente, não se degradaria seriamente.

Uma desvantagem das redes neurais é o fato delas, normalmente, serem uma "caixa preta". É impossível saber por que uma rede chegou a um resultado ou, no caso de uma rede de múltiplas camadas, saber qual a relevância de um peso sináptico para um determinado resultado ou qual o significado físico de um peso sináptico. Só é possível saber se a rede funciona corretamente pela análise do erro médio quadrático apresentado ao se introduzir os dados para validação, ou seja, não há como gerar uma prova formal para os resultados obtidos.

1.4 Exercícios

1.1 O que quer dizer Inteligência Artificial?

1.2 Quais as habilidades que uma máquina inteligente deve apresentar?

1.3 Faça um resumo sobre os elementos fundamentais de um sistema inteligente.

1.4 O que é aprendizado?

1.5 Descreva as vantagens e as limitações das redes neurais.

1.6 O que é o problema XOR?

2
PRINCÍPIOS DE NEUROCOMPUTAÇÃO

Para compreender a lógica de funcionamento das Redes Neurais Artificiais, alguns conceitos básicos referentes ao funcionamento do cérebro humano e seus componentes, os neurônios, são de fundamental importância. A formação das conexões entre estas células e algumas considerações sobre como se concebe teoricamente o funcionamento da aquisição do conhecimento, formalizando-os em um procedimento matemático, é de suma importância para entender as bases da Neurocomputação.

2.1 Os Neurônios

O cérebro humano possui cerca de 10 bilhões de neurônios. Um neurônio é capaz de criar até 10.000 sinapses com outros neurônios. Se cada ligação for considerada como um bit de informação binária, tem-se $10^{10} \times 10^{4} = 10^{14}$, ou 100 trilhões de bits que corresponde a 11,37 Tb de capacidade máxima de memória.

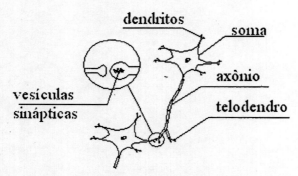

Figura 2.1: Um neurônio.

Os principais componentes dos neurônios biológicos são:

- Os dendritos, que têm por função receber os estímulos transmitidos pelos outros neurônios;

- O corpo do neurônio, também chamado de soma, que é responsável por coletar e combinar informações vindas de outros neurônios;

- O axônio, que é constituído de uma fibra tubular que pode alcançar até alguns metros e é responsável por transmitir os estímulos para outras células.

Sinais elétricos gerados nos sensores (retina ocular, papilas gustativas etc.) caminham pelos axônios. Se esses sinais forem superiores a aproximadamente 50 mV (limiar do disparo), seguem pelo axônio. Caso contrário, são bloqueados e não prosseguem (são considerados irrelevantes). O sistema é, pois, essencialmente não linear. Estes sinais, na forma de pulsos, caminham pelo axônio a uma velocidade média de 25 m/s. Não é uma corrente eletrônica, mas uma corrente de íons de sódio e potássio. Um axônio pode ter vários centímetros de comprimento. São sempre duplicados em paralelo para aumentar a confiabilidade do sistema nervoso. Um "nervo" tem milhares de axônios. Cada axônio tem uma capa isolante de proteína como se fosse um fio elétrico. Antes de o sinal elétrico entrar no próximo neurônio, deve passar por uma sinapse, que é o processo de ligação entre o axônio e o dendrito. A passagem não

Princípios de Neurocomputação

é elétrica, mas química (através da substância serotonina). Se o sinal for superior a certo limite (*threshold*), vai em frente; caso contrário é bloqueado e não segue.

Um neurônio recebe sinais através de inúmeros dendritos, os quais são ponderados e enviados para o axônio, podendo ou não seguir adiante (*threshold*). Na passagem por um neurônio, um sinal pode ser amplificado ou atenuado, dependendo do dendrito de origem, pois a cada condutor está associado um peso (*weight*) pelo qual o sinal é multiplicado. A memória são os pesos.

Cada região do cérebro é especializada em uma dada função, como processamento de sinais auditivos, sonoros, elaboração de pensamentos, desejos, etc. Esse processamento se dá através de redes particulares interligadas entre si, realizando processamento paralelo. Cada região do cérebro possui uma arquitetura de rede diferente: varia o número de neurônios, de sinapses por neurônio, valor dos *thresholds* e dos pesos, etc.

Os valores dos pesos são estabelecidos por meio do treinamento recebido pelo cérebro durante sua vida útil. É a memorização.

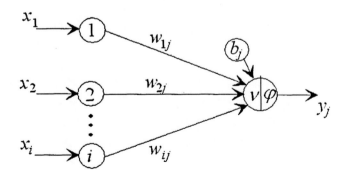

Figura 2.2: Representação do neurônio matemático.

O neurônio matemático, similarmente ao natural, recebe um ou mais sinais de entrada e devolve um único sinal de saída, que pode ser distribuído como sinal de saída da rede, ou como sinal de entrada para um ou vários outros neurônios da camada posterior. Os sinais

12 REDES NEURAIS: Fundamentos e Aplicações com Programas em C

de entrada chegam simultaneamente aos neurônios, por isso as redes são classificadas como instrumentos de processamento paralelo. Em máquinas seqüenciais, como os PCs, este processamento paralelo é simulado, pela execução de uma varredura através da rede.

Os dendritos e axônios são representados matematicamente apenas pelas sinapses e a intensidade da ligação é representada por uma grandeza denominada peso sináptico, simbolizada pela letra w. Quando as entradas, x, são apresentadas ao neurônio, são multiplicadas pelos pesos sinápticos correspondentes, gerando as entradas ponderadas:

$$w_1x_1, \ w_2x_2, \ ..., \ w_nx_n$$

O neurônio, então, totaliza todos os produtos e o resultado deste somatório é denominado pela letra v, definido como:

$$v = \sum_{i=0}^{n} w_i x_i \tag{2.1}$$

A esta função se denomina função de combinação ou função de ativação. Este valor é então apresentado a uma função de transferência, que tem, dentre outras, a finalidade evitar o acréscimo progressivo dos valores de saída ao longo das camadas da rede, visto que tais funções possuem valores máximos e mínimos contidos em intervalos determinados. O uso de funções de transferência não-lineares torna a rede neural uma ferramenta poderosa. Sabe-se que uma rede perceptron de duas camadas com função de transferência não-linear como a função *sigmóide* (função que será ilustrada mais adiante) é denominada de aproximador universal (Hornik *et al.*, 1990).

Note que este modelo matemático simplificado de um neurônio é estático, ou seja, não considera a dinâmica do neurônio natural. No neurônio natural, os sinais são enviados em pulsos e alguns componentes dos neurônios biológicos, a exemplo do axônio, funcionam como filtros em freqüência. Uma boa aproximação de um modelo matemático de

Princípios de Neurocomputação

um axônio é o modelo de um circuito RC, ou seja, um filtro passa-baixas. Assim, ainda há espaço para contribuições no estudo das redes neurais artificiais.

Quando tratando de redes com mais de uma camada de neurônios, vê-se que o problema do ajuste dos pesos sinápticos será resolvido pela utilização da técnica do gradiente descendente, na busca de um erro mínimo global. Se a função de transferência fosse linear, a derivada seria uma constante e não apresentaria nenhuma informação na busca pelo melhor valor para os pesos sinápticos. Esta questão será abordada mais detalhadamente quando as redes perceptrons multicamadas forem apresentadas.

Dentre as funções de transferência utilizadas, podem-se destacar as seguintes:

- Função sigmóide:

$$\varphi(v) = \frac{1}{1 + e^{-v}} \qquad (2.2)$$

- Função gaussiana:

$$\varphi(v) = e^{-v^2} \qquad (2.3)$$

- Função tangente hiperbólica:

$$\varphi(v) = \tanh(v) \qquad (2.4)$$

Além destas, são usadas funções de limite ríspido e funções de rampa, que são funções descontínuas, as quais não permitem a aplicação de técnicas de otimização baseadas no vetor gradiente.

O modelo neuronal matemático também pode incluir uma polarização ou *bias* de entrada, representado pela letra b. Esta variável é incluída ao somatório da função de ativação, com o intuito de aumentar

14 REDES NEURAIS: Fundamentos e Aplicações com Programas em C

o grau de liberdade desta função e, conseqüentemente, a capacidade de aproximação da rede. O valor do *bias* é ajustado da mesma forma que os pesos sinápticos.

O *bias* possibilita que um neurônio apresente saída não nula ainda que todas as suas entradas sejam nulas. Por exemplo, caso não houvesse o *bias* e todas as entradas de um neurônio fossem nulas, então o valor da função de ativação *v* seria nulo. Assim, se estivermos usando, por exemplo, a função de transferência tangente hiperbólica, a saída seria nula. Desta forma não poderíamos, por exemplo, fazer com que o neurônio aprendesse a relação $x=[0\ 0]^T$ e $y=1$, pertinente ao problema "ou exclusivo" da lógica.

2.2 A REDE NEURAL

Combinando os neurônios em uma ou mais camadas, que podem conter um ou mais neurônios e interligando estes neurônios através das sinapses, pode-se formar o que se denomina rede neural artificial (RNA). Estas, em geral, possuem:

- Uma camada de entrada ou de distribuição, que tem esse nome apenas como figurativo, pois não possui nenhum neurônio, tendo apenas, um número de nós igual ao número de sinais de entrada da rede. A sua única função é representar a distribuição dos dados de entrada para cada neurônio da camada seguinte. Assim sendo, não se realiza qualquer computação nesta camada;

- Uma, nenhuma ou várias camadas ocultas, que são constituídas de um ou mais neurônios ocultos. A função destes neurônios é capacitar a rede a extrair estatísticas, além de possibilitar a representação de problemas que não sejam linearmente separáveis;

- Uma camada de saída que contém, necessariamente, um número de neurônios igual ao número de sinais de saída da rede.

Princípios de Neurocomputação

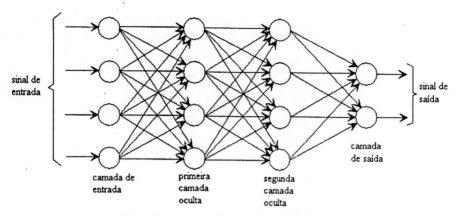

Figura 2.3: Sinais de entrada e de saída em uma cadeia de neurônios interligados de uma RNA.

Ajustando os valores de seus pesos sinápticos, a rede neural pode representar (ou memorizar) as relações entre os dados de entrada e saída, assumindo uma característica de memória associativa.

2.3 A Arquitetura da Rede

As conexões entre as camadas podem gerar n números de estruturas diferentes. A forma com que estas estão dispostas se relaciona intimamente com o *algoritmo de aprendizagem* utilizado para treinar a rede, conforme será apresentado adiante. Quando uma rede possui todas as saídas dos neurônios de uma camada conectadas com todos os neurônios da camada seguinte é denominada de *amplamente conectada* (*fully connected*). Quando o sinal de saída de um neurônio servir como sinal de entrada para um ou mais neurônios na mesma camada ou em alguma camada anterior, a rede possui uma característica denominada *realimentação* (*feedback*). A presença destes laços de realimentação tem grande impacto na capacidade de aprendizagem da rede.

Portanto, a arquitetura da rede neural é livre, podendo ser modificada de acordo as necessidades do projetista. Isto quer dizer que não existe formalização que determine quantas camadas, ou quantos neurônios nas camadas ocultas devem existir. Apenas existem algumas ferramentas, a

16   REDES NEURAIS: Fundamentos e Aplicações com Programas em C

exemplo da dimensão VC (Vidyasagar, 1997), que auxiliam na análise teórica do número de parâmetros ajustáveis que a rede deve ter, em função do número de amostras de treinamento disponíveis. Note que o número de parâmetros define o número de neurônios. Entretanto, normalmente, a arquitetura depende do projetista, que deve variar estes números de forma a alcançar o melhor desempenho com um conjunto de dados reservados para testes e validação.

2.4 O CONTROLE DO APRENDIZADO

O processo de aprendizado de uma rede neural pode se dar de duas formas: o aprendizado supervisionado (com professor) e o aprendizado não-supervisionado (apenas pela experiência). .

No aprendizado supervisionado a rede é treinada com pares de conjuntos de entrada e de saída desejada. Quando é apresentada a rede um conjunto de entrada, esta retorna um conjunto de valores de saída, que é comparado ao conjunto de valores de saída desejado. Em seguida os pesos sinápticos e níveis de *bias* são ajustados de forma a minimizar a diferença entre a saída apresentada pela rede e a saída desejada. Este processo é repetido para todos os pares de entrada e saída que constituem o conjunto de treinamento da rede, até que a taxa de acerto seja considerada satisfatória.

No aprendizado não-supervisionado ou auto-supervisionado, a rede não recebe informações sobre as saídas desejadas. A rede é treinada apenas com os valores de entrada e organiza sua estrutura de modo a fazer a classificação destes valores em grupos. Este tipo de rede tem por finalidade a classificação de dados pelo reconhecimento de padrões, ou seja, detecção de características em comum entre conjuntos de dados. Esta auto-organização se dá por meio de processos de competição e cooperação entre os neurônios.

2.5 O ALGORITMO DE APRENDIZADO

Uma rede neural aprende acerca de seu *ambiente* por meio de um processo interativo de ajustes aplicados aos seus parâmetros

Princípios de Neurocomputação

livres (*pesos sinápticos e níveis de bias*). A este processo denomina-se de *treinamento*. Depois de treinada a rede pode ser utilizada em diversas áreas do conhecimento humano, ainda que na ausência de um especialista.

Atualmente existem diversos algoritmos utilizados para ajustar os pesos sinápticos e o nível de *bias* de uma rede neural, dentre as quais podem-se destacar:

- Aprendizagem por correção de erros (*regra delta*);

- Aprendizagem competitiva (*regra de Kohonen*);

- Aprendizagem baseada em memória;

- Aprendizagem *hebbiana*;

- Aprendizagem de *Boltzmann*.

Aqui serão tratadas apenas as duas primeiras técnicas listadas acima. A primeira é utilizada para ajustar os parâmetros livres das redes denominadas *perceptrons*, que serão vistas mais adiante, como exemplo de aprendizado supervisionado. A segunda é utilizada para ajustar os parâmetros livres das *redes de Kohonen*, que serão discutidas num capítulo posterior, como um exemplo de aprendizado não-supervisionado.

A aprendizagem *hebbiana* merece, aqui, um breve comentário, visto que é a mais antiga e conhecida de todas as regras de aprendizagem. Tem este nome em homenagem ao neuropsicólogo Hebb, que observando o funcionamento dos neurônios biológicos, formulou o seguinte princípio:

> *"Quando um axônio da célula A está perto o suficiente para excitar uma célula B e participa do seu disparo repetidamente, então algum processo de crescimento ou modificação metabólica acontece em uma das células ou em ambas, de tal forma que a eficiência de A como uma das células que dispara B é aumentada."*

REDES NEURAIS: Fundamentos e Aplicações com Programas em C

Este princípio foi formulado num contexto biológico, porém pode-se generalizar para a seguinte forma:

- Se dois neurônios em ambos os lados de uma sinapse são ativados sincronamente, então a força desta sinapse é aumentada.

Posteriormente foi acrescentada uma segunda regra para a aprendizagem *hebbiana*, a saber:

- Se dois neurônios em ambos os lados de uma sinapse são ativados assincronamente, então esta sinapse é enfraquecida.

As regras de aprendizado serão vistas em detalhes quando as redes perceptrons e as redes de Kohonen forem apresentadas.

2.6 O PROBLEMA DE ATRIBUIÇÃO DE CRÉDITO

Ao se estudar os algoritmos de aprendizagem, é útil definir a noção de *atribuição de crédito* ou *problema de carga*. Basicamente, o problema é atribuir *crédito* ou *culpa*, pelo novo desempenho da rede, a cada ação que altera um parâmetro livre desta rede. Esta atribuição é orientada pelo gradiente do erro global obtido depois de cada ação.

Um exemplo típico deste problema será visto quando as *redes perceptrons de múltiplas camadas* forem apresentadas.

Quando se tem apenas uma camada de neurônios podem-se ajustar seus pesos sinápticos diretamente, mas quando se têm várias camadas de neurônios, a atribuição de crédito requer atenção mais detalhada.

2.7 EXERCÍCIOS

2.1 Qual a diferença entre um neurônio biológico e um neurônio matemático?

2.2 Qual a diferença entre o aprendizado supervisionado e o não supervisionado?

2.3 O que é retroalimentação?

Princípios de Neurocomputação 19

2.4 Qual o princípio de funcionamento dos neurônios, de acordo com Hebb?

2.5 Quais os algoritmos aplicados ao treinamento das redes neurais?

2.6 O que é, e para que serve um *bias*?

3
O PROJETO DE
UMA REDE NEURAL

Conforme citado no capítulo anterior, a arquitetura de uma rede neural fica a critério do projetista, a qual deve ser testada para satisfazer seus objetivos, sem apresentar problemas inerentes a esta estrutura, a exemplo da memorização (quando a rede neural decora um conjunto de dados) ao invés de aprender, gerando o problema de não ter resultados corretos quando a entrada é diferente do conjunto de dados de treinamento. Entretanto, algumas especificidades devem ser seguidas para que o projetista obtenha um bom desempenho do projeto da rede neural arquitetada. Estas especificidades se referem a cinco fases definidas, que garantem a boa funcionalidade da rede neural, sendo essas fases definidas como: coleta e seleção de dados; configuração da rede; treinamento; teste e integração. Cada fase deve ser seguida detalhadamente para garantir que o projeto da rede neural apresente resultados que satisfaçam os requisitos do projeto. Estas fases são descritas a seguir.

3.1 Coleta e Seleção de Dados

A coleta criteriosa dos dados relativos ao problema é fundamental para o futuro desempenho de uma rede neural. Esta tarefa requer uma

22   REDES NEURAIS: Fundamentos e Aplicações com Programas em C

análise cuidadosa dos dados com a finalidade de minimizar ambigüidades e erros. Além disso, os dados coletados devem cobrir amplamente o domínio do problema, incluindo as exceções e as condições limites.

Os dados coletados são separados em duas categorias:

- dados de treinamento, que serão utilizados para o treinamento da rede e

- dados de validação, que serão utilizados para verificar o desempenho da rede.

É recomendável a reordenação aleatória dos dados para prevenção de tendências associadas à ordem de apresentação dos dados (polarização).

Deve-se notar que o número de sinapses de uma RNA é função do número de posições do vetor de entrada da rede. Sendo assim, um vetor de entrada com grande dimensão implica em um grande número de sinapses, que deverão ser ajustadas.

O número adequado de dados para o treinamento de uma RNA é função do número de sinapses e *bias* desta rede. Assim, quanto mais variáveis livres (sinapses e *bias*) uma RNA tiver, mais restrições (exemplos de treinamento) são necessárias.

Na prática, o número de dados de treinamento tem limites. Então, é recomendável evitar vetores de entrada de grandes dimensões.

Existem inúmeras ferramentas matemáticas para a escolha das informações adequadas na composição do vetor de entrada. Dentre tais ferramentas podemos destacar: a análise do nível de entropia (Ludwig et. al, 2005); a distância de Battacharia (Ludwig et. al, 2004) e a análise dos componentes principais. Todas estas ferramentas estão descritas no Capítulo 7.

3.2 Configuração da Rede

Esta fase pode ser dividida em três etapas:

O Projeto de uma Rede Neural

- Seleção do paradigma neural apropriado à aplicação, isto é, qual a configuração da rede neural a ser utilizada (perceptron simples, perceptron de múltiplas camadas, rede de Kohonen, etc.);

- Determinação da topologia da rede, ou seja, o número de camadas e o número de neurônios ou nós em cada camada;

- Determinação do algoritmo de treinamento, taxa de aprendizagem e demais parâmetros de treinamento e

- tipo de função de transferência.

Estas escolhas ainda são feitas de forma empírica, embora existam algumas heurísticas que conduzem a opções mais acertadas. Em geral o procedimento requer grande experiência dos projetistas, o que só é obtido com o esforço ao longo do tempo na aplicação a variadas aplicações.

3.3 Treinamento

Nesta fase, serão ajustados os pesos das conexões. A tarefa do projetista, então, será a determinação dos valores iniciais dos pesos sinápticos (inicialização da rede), qual o algoritmo de aprendizagem e qual o tempo de treinamento para o aprendizado da rede.

Os valores iniciais dos pesos da rede são, normalmente, números aleatórios uniformemente distribuídos, em um intervalo definido. Para esta fase, (Nguyen e Widrow, 1990) encontraram uma função que pode ser utilizada para determinar valores iniciais melhores que valores puramente aleatórios.

O algoritmo de aprendizagem é escolhido em função do tipo de rede utilizada e das características dos dados que serão ajustados. Entretanto, o processo é basicamente empírico.

Quanto ao tempo de treinamento, podem ser adotados alguns indicadores, dentre os quais um número máximo de ciclos, a taxa de erro médio por ciclo, ou ainda, a capacidade de generalização da rede. Pode ocorrer que em um determinado instante do treinamento a generalização comece a degenerar, causando o problema de *over-training*, ou seja, a rede se especializa no conjunto de dados do treinamento e perde a capacidade de generalização, ou seja memoriza os dados e não mais consegue definir uma saída correta para outros dados que estejam fora do padrão de entrada: a rede decora.

O ideal é que o treinamento venha a ser interrompido quando a rede apresentar uma boa capacidade de generalização e quando a taxa de erro for admissível. Assim, deve-se encontrar um ponto ótimo de parada com erro mínimo e capacidade de generalização máxima.

3.4 TESTE

Durante esta fase, o conjunto de validação é utilizado para determinar o desempenho da rede com dados que não foram apresentados à mesma. Esta fase é a que verifica se a rede não decorou os dados de entrada e valida a rede para a aplicação desejada.

Devem ser considerados ainda outros testes como a análise dos pesos sinápticos e níveis de *bias*, pois se existirem valores muito pequenos, as conexões associadas podem ser consideradas insignificantes e assim serem eliminadas (*prunning*). De modo inverso, valores muito maiores que os outros indicam a possibilidade de *over-training* da rede.

3.5 INTEGRAÇÃO

A integração é o processo final do projeto de uma rede neural, para sua aplicação ao objetivo desejado. Assim, com a rede treinada e validada, é possível a integração dela a um sistema. Este sistema deverá conter facilidades de utilização como interface conveniente e facilidades de aquisição de dados através de planilhas eletrônicas, interfaces com unidades de processamento de sinais, ou arquivos padronizados. Além disso, o sistema deve periodicamente monitorar seu desempenho e fazer a manutenção da rede quando for necessário ou indicar aos projetistas

O Projeto de uma Rede Neural

a necessidade de novas seções de treinamento. Muitos dos projetos de redes neurais são realizados utilizando o software Matlab ®[1], que apresenta funções específicas para desenvolvimento de sua arquitetura, treinamento e validação. Mas qualquer compilador pode gerar programas que treinem e simulem redes neurais, como a linguagem C[2], objeto deste livro.

3.6 EXERCÍCIOS

3.1 Descreva as fases do projeto de uma rede neural.

3.2 O que pode gerar custos computacionais?

3.3 Quantas e quais são as etapas de configuração de uma rede neural?

3.4 Em que fase é verificado o desempenho da rede, provando que ela não decorou os dados?

3.5 Como se dá a integração de uma rede neural?

3.6 Como se escolhe o algoritmo de aprendizagem de uma rede neural?

---

[1] http://www.mathworks.com/

[2] O leitor poderá utilizar um dos softwares listados a seguir para compilar os programas deste livro:Borland C++: http://www.borland.com ; Dev C++: http://www.bloodshed.net ; Turbo C: http://www.uv.tietgen.dk/staff/mlha/Download/DOS/borland/tc201.zip. Também, aos que desejarem se aprofundar mais nesta linguagem para melhor entender o funcionamento dos programas, aconselhamos o livro do segundo autor deste livro: Eduard M.M. Costa, Programando em C Simples e Prático, Ed. Alta Books, Rio de Janeiro, RJ, 2006.

4
O PERCEPTRON

Dentre os tipos de redes neurais existentes, o perceptron é a arquitetura mais simples, apresentando apenas um conjunto de neurônios de entrada e um conjunto de neurônios de saída, sem haver nenhuma camada de neurônios intermediária. Este tipo de rede neural, embora simples, apresenta problemas específicos, não podendo ser utilizada em aplicações mais avançadas, mas apenas em estruturas de decisão simples. Esta rede é apresentada neste capítulo, em que toda a estrutura das fases do projeto são mostradas em exemplos, bem como o problema inerente ao seu caso.

4.1 DESCRIÇÃO

A rede neural perceptron possui apenas uma camada de entrada e uma camada de saída. Os elementos da camada de entrada fazem a distribuição de cada sinal de entrada para todos os neurônios da camada de saída, que é formada por um número de neurônios igual ao número de sinais de saída.

Conforme descrito anteriormente, os neurônios são constituídos por uma função de ativação e uma função de transferência. A função de ativação faz a soma ponderada dos sinais de entrada e a função de transferência determina a saída do neurônio, em função da soma ponderada. Pode-se comparar isto a uma situação real de reação do organismo quando se encosta algo quente: a entrada da temperatura pelos sensores indicam a possível queimadura, que ativa o cérebro a enviar um comando (a saída) de se afastar imediatamente.

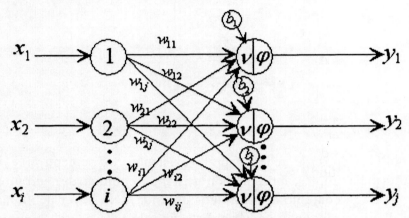

Figura 4.1: Rede neural perceptron.

Na Figura 4.1, os valores w_{ij} representam os pesos sinápticos das ligações entre os neurônios: elemento i da camada de entrada com o neurônio j da camada de saída, e simula a eficácia da sinapse entre os neurônios naturais. A função de ativação está representada pela letra v e tem o formato da Equação (4.1) a seguir.

$$v_j = \sum_{i=1}^{n} w_{ij} x_i \tag{4.1}$$

A função de transferência está representada pelo símbolo φ e, normalmente, são utilizadas funções de limite ríspido como a função degrau, onde φ pode assumir dois valores, conforme Equação (4.2):

$$\varphi(v) = \begin{cases} 1, \forall v \geq 0 \\ 0, \forall v < 0 \end{cases} \tag{4.2}$$

O Perceptron 29

Observe-se que estas funções de limite ríspido são quem determinam a veracidade de uma entrada definida, como o caso do exemplo dado: o imediato afastamento do objeto é uma reação normal, caso o objeto esteja realmente quente (informação verdadeira). Caso contrário, o cérebro não reage deixando a pessoa se encostar naturalmente no objeto (informação falsa). Entretanto, estas informações só são absorvidas com o aprendizado.

4.2 ALGORITMO DE APRENDIZAGEM DO PERCEPTRON

Conforme já foi visto, o ajuste correto dos pesos sinápticos de uma rede permite que, dado um conjunto de sinais de entrada, aquela possa, depois de processar estes sinais através de seus neurônios, apresentar o conjunto de sinais de saída desejado, com um nível de erro aceitável. Este ajuste é obtido, iterativamente, através de um algoritmo de aprendizado que, no caso do perceptron de uma única camada, é a *regra delta*. O elemento de processamento que utiliza esta regra é chamado de *ADALINE* (*Adaptive Linear Neuron* ou *Adaptive Linear Element*).

Inicialmente, atribui-se aos pesos valores aleatórios e, com eles, apresenta-se um conjunto de sinais de entrada e calcula-se a resposta da rede. Então, comparam-se os valores calculados com os valores desejados (treinamento supervisionado). Caso o erro não seja aceitável, faz-se o ajuste dos pesos proporcionalmente ao erro e ao valor do sinal de entrada correspondente. Intuitivamente, sabe-se que quanto maior é o erro, maior deve ser a correção para os pesos. Por outro lado, quanto maior é o valor do sinal de entrada correspondente a um peso, maior é a participação deste peso na composição dos valores de saída e, consequentemente, no erro global apresentado. Sendo assim, aquele peso deve receber uma correção maior.

A expressão que representa este processo é a apresentada na Equação (4.3) vista a seguir:

$$w(i,j)_{T+1} = w(i,j)_T + \eta E(j)_T \, x(i) \qquad (4.3)$$

em que,

- $w(i, j)_{T+1}$ = valor do peso corrigido;
- $w(i, j)_T$ = valor do peso na iteração anterior;
- $E(j)_T$ = Valor do erro para o neurônio j;
- i = índice do sinal de entrada;
- T = iteração;
- j = índice do neurônio;
- η = taxa de aprendizado;
- $x(i)$ = sinal de entrada.

O erro $E(j)$ é a diferença entre o sinal de saída desejado para o neurônio j, aqui representado por $d(j)$, e o sinal de saída calculado pela rede para aquele neurônio, $y(j)$, na forma:

$$E(j)=d(j)-y(j). \tag{4.4}$$

O erro médio para todos os neurônios da camada de saída na iteração T será:

$$\varepsilon(T) = \frac{\sum_{j=1}^{n}|E(j)|}{n} \tag{4.5}$$

em que n é o número de neurônios da camada de saída.

O erro médio para todo o conjunto de treinamento será:

$$\varepsilon_{med} = \frac{\sum_{T=1}^{n}\varepsilon(T)}{n} \tag{4.4}$$

O Perceptron

Este valor pode ser utilizado como referência para o encerramento da seção de treinamento pela avaliação do nível de precisão da rede.

4.3 EXEMPLOS NUMÉRICOS

Para consolidar o entendimento da rede neural *perceptron*, são apresentados a seguir dois pequenos exemplos.

4.3.1 Primeiro Exemplo

Neste primeiro exemplo, a rede neural perceptron terá dois sinais de entrada e um neurônio na camada de saída. Esta rede, após o treinamento, será capaz de classificar quatro indivíduos em duas classes, conforme segue:

	COMPOSITOR	CIENTISTA
BACH	X	
BEETHOVEN	X	
EINSTEIN		X
KEPLER		X

O primeiro passo é codificar as informações em base binária, ou seja, 0 ou 1. Sendo assim podem-se representar os sinais da seguinte forma:

- BACH = 00
- BEETHOVEN = 01
- EINSTEIN = 10
- KEPLER = 11
- **COMPOSITOR = 0**
- **CIENTISTA = 1**

Conclui-se que apenas dois elementos na camada de entrada são necessários, pois o número de elementos necessários, em base binária, será dado pela fórmula:

$$X = 2^n,$$

em que *n* é o número de elementos na camada de entrada e *X* é o número de sinais de entrada.

Para a camada de saída vale a mesma relação, logo para representar dois valores necessita-se de apenas um neurônio.

Com o objetivo de melhorar a capacidade de aproximação da rede será acrescentado um *bias* de entrada ao neurônio, pois, desta forma, há mais um parâmetro livre para ajustar, conforme citado em capítulo anterior.

Após estas considerações, pode-se traçar o desenho da rede arbitrando, inicialmente, o valor zero para todos os pesos sinápticos e o *bias*.

Ao iniciar o treinamento, apresenta-se o sinal KEPLER (11) à rede e esta retornará o sinal COMPOSITOR (0), conforme o seguinte esquema:

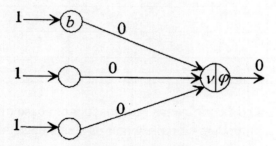

Figura 4.2: *Rede Neural para treinamento.*

- O sinal de entrada do *bias b* é constante e tem sempre o valor positivo 1.

- O cálculo do valor da função de ativação é:

$$v = \sum_{i=1}^{n} w_i x_i,$$

O Perceptron

ou seja,

$$v = 0 \times 1 + 0 \times 1 + 0 \times 1 = 0.$$

- A função de transferência utilizada tem a seguinte forma:

$$\varphi(v) = \begin{cases} 1, \forall v > 0 \\ 0, \forall v \leq 0 \end{cases}$$

Como $v \leq 0$, então $\varphi(v) = 0$, ou seja, COMPOSITOR.

- A saída não está correta e, comparando-se com a saída desejada CIENTISTA = 1, ter-se-á o valor do erro: $E = 1 - 0 = 1$.

- Arbitrando-se uma taxa de aprendizado $\eta = 1$, a correção para os pesos e o *bias* será:

$$w(i)_{T+1} = w(i)_T + \eta E_T x(i),$$

ou seja, os novos pesos serão:
- $w_1 = 0 + 1 \times 1 \times 1 = 1$;
- $w_2 = 0 + 1 \times 1 \times 1 = 1$;
- $b = 0 + 1 \times 1 \times 1 = 1$.

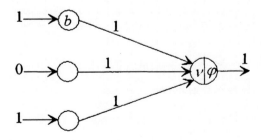

Figura 4.3: Rede Neural no primeiro passo de treinamento.

Seguindo com o treinamento, a rede se apresenta com os pesos mostrados na Figura 4.3, e então, com o sinal BEETHOVEN (01), obtém-se os seguintes valores:

- $v = 1 \times 1 + 0 \times 1 + 1 \times 1 = 2$;
- $\varphi = 1$;
- $E = 0 - 1 = -1$;
- $w_1 = 1 + 1 \times (-1) \times 0 = 1$;
- $w_2 = 1 + 1 \times (-1) \times 1 = 0$;
- $b = 1 + 1 \times (-1) \times 1 = 0$.

Apresenta-se, então, o sinal EINSTEIN (10), que é a rede com as entradas conforme visto na Figura 4.4, e obtém-se os seguintes valores:

- $v = 1 \times 0 + 1 \times 1 + 0 \times 0 = 1$;
- $\varphi = 1$;
- $E = 1 - 1 = 0$ (a saída está correta!);
- $w_1 = 1 + 1 \times (0) \times 1 = 1$;
- $w_2 = 0 + 1 \times (0) \times 0 = 0$;
- $b = 0 + 1 \times (0) \times 1 = 0$.

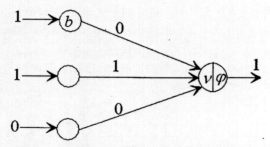

Figura 4.4: Rede Neural em treinamento com sinal EINSTEIN (10).

Verifica-se que não há alterações nos pesos, pois a saída está correta.
Prosseguindo com o treinamento, apresentando o sinal BACH (00), vê-se a rede apresentada na Figura 4.5.

O Perceptron

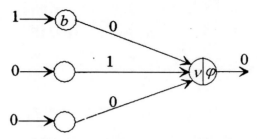

Figura 4.5: Neural em treinamento com sinal BACH (00).

Mais uma vez, a rede apresenta sua saída conforme esperado (saída correta). Apresentando novamente o sinal KEPLER (11), que é a rede reapresentada na Figura 4.6, encontra-se a saída 1.

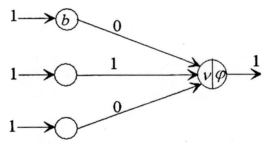

Figura 4.6: Rede Neural com sinal KEPLER (11) e saída corrigida.

Como o sinal de saída é 1, ou seja, CIENTISTA, ao se repetir todo o conjunto de treinamento, encontra-se que o erro médio será zero. Isto significa que esta rede *aprendeu* a classificar estes homens ilustres pelas suas profissões.

4.3.2 Segundo Exemplo

Este segundo exemplo apresenta uma rede neural perceptron com duas entradas e duas saídas para mostrar como se comporta uma rede deste tipo um pouco mais complexa. Após seu treinamento, ela deverá ser capaz de classificar quatro indivíduos na forma a seguir:

	AUTOR	CIENTISTA	HOMEM	MULHER
EINSTEIN		X	X	
MACHADO DE ASSIS	X		X	
RAQUEL DE QUEIROZ	X			X
MARIE CURIE		X		X

Seguindo os passos aplicados no primeiro exemplo apresentado anteriormente na Seção 4.3.1, codificam-se as informações em base binária (0 ou 1), as quais determinam-se como sendo:

- EINSTEIN = 11
- MACHADO DE ASSIS = 10
- RAQUEL DE QUEIROZ = 00
- MARIE CURIE = 01
- **AUTOR** = **0**
- **CIENTISTA** = **1**
- **HOMEM** = **0**
- **MULHER** = **1**

Assim, serão utilizados apenas dois elementos na camada de entrada e dois neurônios na camada de saída. Também, um *bias* de valor sempre positivo 1, na entrada dos neurônios é acrescentado, cujos pesos são parâmetros livres para ajustamento. Define-se para esta rede a mesma taxa de aprendizado, $\eta = 1$.

O desenho da rede é traçado conforme a Figura 4.7, sendo aplicado inicialmente o valor zero para todos os pesos sinápticos e o *bias*.

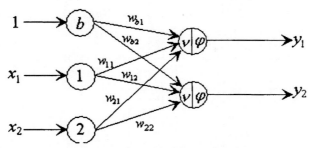

Figura 4.7: Rede Neural para treinamento.

Para iniciar o treinamento desta rede, apresenta-se o sinal MARIE CURIE (01) à rede e esta retornará o sinal HOMEM ($y_1 = 0$) e AUTOR ($y_2 = 0$), respectivamente, desde que nas funções de ativação dos neurônios, encontram-se:

$$v_1 = 0 \times 1 + 0 \times 0 + 0 \times 1 = 0.$$
$$v_2 = 0 \times 1 + 0 \times 0 + 0 \times 1 = 0.$$

Dessa formas, as funções de transferência utilizadas (que é a mesma do exemplo anterior) retorna os valores de saídas apresentados.

Como a saída não está correta, comparando-se com a saída desejada MULHER = 1 e CIENTISTA = 1, ter-se-ão os valores dos erros como: $E_1 = 1 - 0 = 1$ e $E_2 = 1 - 0 = 1$. Daí, os novos pesos serão:

- $w_{11} = 0 + 1 \times 1 \times 0 = 0$;
- $w_{12} = 0 + 1 \times 1 \times 0 = 0$;
- $w_{21} = 0 + 1 \times 1 \times 1 = 1$;
- $w_{22} = 0 + 1 \times 1 \times 1 = 1$;
- $w_{b1} = 0 + 1 \times 1 \times 1 = 1$
- $w_{b2} = 0 + 1 \times 1 \times 1 = 1$.

que seguem a função:

$$w(i,j)_{T+1} = w(i,j)_T + \eta\, E(j)_T\, x(i,j).$$

38   REDES NEURAIS: Fundamentos e Aplicações com Programas em C

Seguindo com o treinamento, encontram-se nas iterações os seguintes resultados:

Iteração	2	3	4	5	6	7	8	9
Entradas	0 0	1 1	**1 0**	0 1	**0 0**	1 1	**1 0**	0 1
Saídas esperadas	1 0	0 1	**0 0**	1 1	**1 0**	0 1	**0 0**	1 1
Saídas da rede	1 1	1 1	**0 0**	0 1	**1 0**	1 1	**0 0**	0 1
Erros	0 1	-1 0	**0 0**	1 0	**0 0**	1 0	**0 0**	1 0
w_{11}	0	-1	**-1**	-1	**-1**	-2	**-2**	-2
w_{12}	0	0	**0**	0	**0**	0	**0**	0
w_{21}	1	0	**0**	1	**1**	0	**0**	1
w_{22}	1	1	**1**	1	**1**	1	**1**	1
w_{b1}	1	0	**0**	1	**1**	0	**0**	1
w_{b2}	0	0	**0**	0	**0**	0	**0**	0

Observe que nas iterações 4, 6 e 8, os erros das duas saídas dos neurônios foram zero. Entretanto, na iteração posterior o erro novamente se apresenta no teste, e um novo cálculo dos pesos é requerido. Entretanto, ao atingir a nona iteração, as saídas dos neurônios tornam-se iguais às saídas esperadas, tornando todos os erros iguais a zero para quaisquer entradas. Ou seja, a rede está treinada, e reconhece para as entradas quem é homem e quem é mulher, além de determinar sua profissão.

4.4 O Problema XOR

Infelizmente as redes perceptron de uma única camada, cobram um preço pela sua simplicidade. Estas redes só resolvem problemas cujas classes sejam linearmente separáveis, o que não é o caso no problema do *ou exclusivo* (XOR). Desta forma, se Beethoven resolvesse ser cientista e Kepler compositor, a rede jamais aprenderia a classificá-los, porque estas mudanças resultariam no problema XOR, conforme a planilha abaixo:

	COMPOSITOR	CIENTISTA
BACH 00	0	
BEETHOVEN 01		1
EINSTEIN 10		1
KEPLER 11	0	

A função de ativação v é linear, sendo assim, a reta no diagrama ao lado contém todos os pares ordenados de valores X_1 e X_2 onde o valor de v é igual a zero. A equação desta reta, a qual é apresentada na Figura 4.8, é obtida da seguinte forma:

$$v = b + w_1 X_1 + w_2 X_2 = 0$$

que resolvendo para X_2, encontra-se:

$$X_2 = -\frac{(w_1 X_1 + b)}{w_2}$$

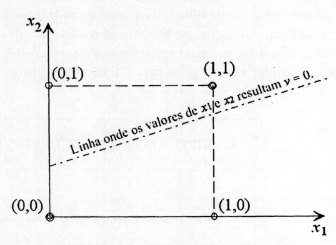

Figura 4.8: Exemplo da função de ativação.

Para os pontos acima desta reta o valor de *v* será maior que zero, o que resultará um sinal de saída igual a 1 positivo. Para pontos abaixo desta reta, *v* será menor que zero, resultando um sinal de saída igual a zero. Ou seja, esta reta é uma fronteira de decisão na classificação dos sinais de entrada.

Tendo em mente o que foi colocado acima, é proposto ao leitor que encontre uma condição para a reta supracitada, de forma a situar os pontos (1,1) e (0,0) abaixo da reta e os pontos (0,1) e (1,0) acima desta. O leitor logo irá se dar conta de que isto é impossível, ou seja, não há como representar o problema XOR com um perceptron de uma camada.

Um caso que leitor pode utilizar para verificar isso está no segundo exemplo, considerando-se as entradas na forma:

- EINSTEIN = 11
- MACHADO DE ASSIS = 00
- RAQUEL DE QUEIROZ = 10
- MARIE CURIE = 01

Considerando as saídas da mesma forma que citadas no exemplo da Seção 4.3.2, consegue-se encontrar uma solução para os pesos que

O Perceptron

ligam as entradas ao neurônio 2 da saída. Entretanto, não se consegue encontrar uma solução para os pesos que ligam as entradas ao neurônio 1 da saída, pois as duas primeiras entradas têm de dar zero na saída deste neurônio, enquanto as duas últimas devem dar 1, que indica um problema XOR.

Assim, sempre que se deseja projetar um simples perceptron, deve-se tomar o cuidado de verificar se as entradas não recaem neste problema com a saída, para evitar que uma solução não seja encontrada.

4.5 PROGRAMA EM C PARA PERCEPTRON

Um perceptron pode ser facilmente estruturado em um programa computacional. O simples programa em linguagem C a seguir realiza a montagem e treinamento de uma rede neural deste tipo. Neste programa, os valores das constantes `entrada` e `saida` nos comandos de pré-processador (`#define`) determinam o número de neurônios de entrada mais um de *bias* (no caso, `entrada` = 3 determina dois neurônios de entrada e um de *bias*) e o número de neurônios de saída (que neste caso são duas). O leitor pode testar o segundo exemplo mostrado nesse capítulo, ou modificar os valores da constante `saida` para 1, e testar o primeiro exemplo, colocando as entradas da função de transferência como sendo degrau. Neste programa, as entradas devem ser colocadas uma a uma, como por exemplo, a entrada EINSTEIN no segundo exemplo, deve ser colocada no programa em sua execução da seguinte forma:

Entrada 1, Neurônio 1: 1
Saída 1, Neurônio 1: 0
Entrada 1, Neurônio 2: 1
Saída 1, Neurônio 2: 1

que indica a dos dois neurônios (11) e as duas saídas (01), e assim por diante.

REDES NEURAIS: Fundamentos e Aplicações com Programas em C

```c
#include <stdio.h>
#include <math.h>
#include <conio.h>

#define entrada 3
#define saida 2
#define in 4

main(){
    float w[entrada][saida], err, erro[saida], ni[saida], errom,
          bias, eta, entradas[in][saida], saidas[in][saida],
          phi[saida];
    int x, cont, contt, contin = 0, epocas, testeerro = 0, funcao;
    char continua = 's';
    for(x = 0; x < entrada; x++)
        for (cont = 0; cont < saida; cont++)
            w[x][cont] = 0;

    clrscr();
    printf("Entre com o valor do bias: ");
    scanf("%f", &bias);
    printf("Entre com o valor da taxa de aprendizagem: ");
    scanf("%f", &eta);
    printf("Entre com o número de iterações: ");
    scanf("%d", &epocas);
    printf("Entre com o valor do erro esperado: ");
    scanf("%f", &err);
    printf("Entre com a função desejada [(1)degrau,
        (2)sigmoide]: ");
    scanf("%d", &funcao);

    printf("Entre com os dados de entrada e de saída para o
        treihamento:\n");
    for(x = 0; x < in; x++)
        for (cont = 0; cont < saida; cont++){
            printf("Entrada %d, Neurônio %d:", x + 1, cont + 1);
            scanf("%f", &entradas[x][cont]);
        }
    for(x = 0; x < in; x++)
        for (cont = 0; cont < saida; cont++){
            printf("Saída %d, Neurônio %d:", x + 1, cont + 1);
            scanf("%f", &saidas[x][cont]);
        }
    printf("Todos os pesos iniciais são zero.\n");
    printf("Iniciando processo iterativo...\n");
    cont = 0;
    while((cont < epocas) && !testeerro && (continua != 'n')){
        clrscr();
        cont++;
```

O Perceptron

```c
printf("Iteração %d:\n", cont);
for (x = 0; x < entrada - 1; x++)
   printf("Entradas: %f ", entradas[contin][x]);

for(x = 0; x < saida; x++){
   ni[x] = w[0][x]*bias;
   for(contt = 0; contt < entrada - 1; contt++)
      ni[x]   =   ni[x]   +   w[contt   +   1]   [x]
            entradas[contin][contt];
      switch(funcao){
        case 1:
            if (ni[x] > 0) phi[x] = 1;
            else phi[x] = 0;
            break;
        case 2:
            phi[x] = 1/(1 + exp(-ni[x]));
            break;
        }
   erro[x] = saidas[contin][x] - phi[x];
   printf("Saída esperada: %f\n", saidas[contin][x]);
   printf("Saída da rede: %f\n", phi[x]);
   }
errom = 0;
for(x = 0; x < saida; x++)
      errom = errom + erro[x]/saida;
printf("Erro médio geral: %f\n", errom);
for (x = 0; x < saida; x++)
      if (abs(errom) < err) testeerro = 1;
      else testeerro = 0;

printf("Corrigindo pesos...\n");
for(x = 0; x < entrada; x++)
   for (contt = 0; contt < saida; contt++)
      if (x == 0) w[x][contt] = w[x][contt] +
            eta*erro[contt]*bias;
      else w[x][contt] = w[x][contt] + eta * erro[contt] *
            entradas[contin][x - 1];

for (x = 0; x < entrada; x++)
   for(contt = 0; contt < saida; contt++)
      printf("w[%d][%d] = %f\n", x, contt, w[x][contt]);
printf("Continua?");
scanf("%c", &continua);
contin++;
if (contin > entrada) contin = 0;
   }
printf("Finalizado!\n");
}
```

4.6 Exercícios

4.1 Descreva o funcionamento do perceptron, suas vantagens e limitações.

4.2 Porque o problema XOR não pode ser tratado pelo perceptron? Mostre através de um exemplo.

4.3 Descreva os passos do algoritmo de treinamento do perceptron.

4.4 Utilize o programa C da Seção 4.5 para gerar um perceptron de 6 entradas e 4 saídas. Dê exemplos para o mesmo para verificar se os dados de saída após o treinamento condizem com o esperado.

4.5 Utilize o programa C da Seção 4.5 para gerar um perceptron que gere a tabela verdade de uma função AND com 8 entradas. Repita para a função OR e para a função NAND.

4.6 Em uma pequena coleção de 6 livros, dos quais 4 são de engenharia e 2 de literatura, sendo 3 de engenharia e um de literatura escritos por homens e os demais escritos por mulheres. Dessa forma, pretende-se separar os que são escritos por mulheres e por homens, e os que são de literatura e de engenharia. Descreva os passos para gerar a partir destes dados um perceptron que tenha o resultado desejado, e realize em um programa C o treinamento desta rede.

5
PERCEPTRONS DE MÚLTIPLAS CAMADAS

Com o passar tempo, os estudos e processos de inteligência artificial se mostraram inviáveis com o problema XOR utilizando o Perceptron simples, conforme visto no Capítulo anterior. A necessidade de imitar o cérebro humano e sua inteligência e processos de aprendizagem, levaram à estruturação de uma nova estratégia, que foi introduzir camadas de neurônios internas, entre as entradas e as saídas da rede neural, o que eliminou tal problema (XOR), levando a um avanço e à retomada dos estudos da inteligência artificial utilizando esta ferramenta matemática. Este formalismo com camadas de neurônios internas recebeu o nome de *Multilayer Perceptron*, e que é estudado neste capítulo.

5.1 DESCRIÇÃO

O perceptron de múltiplas camadas ou *multilayer perceptron* (MLP) é uma rede com uma camada sensorial ou camada de entrada, que possui tantos nós de entrada quantos forem os sinais de entrada, uma ou mais camadas ocultas de neurônios e uma camada de saída com um número de neurônios igual ao número de sinais de saída. O sinal de entrada se propaga para frente através das camadas até a camada de saída, ou seja, é uma rede alimentada para frente.

O MLP é uma generalização da rede perceptron e, assim como esta, é treinada de forma supervisionada, através da regra de aprendizagem que minimiza o erro. O mecanismo utilizado para a aprendizagem no caso do MLP, é conhecido como *algoritmo de retropropagação de erro*.

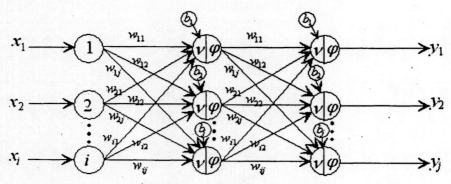

Figura 5.1: Exemplo de um MLP.

5.2 A PROPAGAÇÃO DO SINAL

Quando se aplica à camada de entrada da rede o vetor de sinais de entrada $x(n) = [x_1, x_2, ..., x_n]^T$, calcula-se o campo local induzido v e os sinais de saída para todos os neurônios desta camada. Cada um destes sinais é distribuído, como sinal de entrada, para todos os neurônios da camada seguinte começando da camada de entrada até a camada de saída, onde se obtém o vetor de sinais funcionais da rede $y(n) = [y_1, y_2, ..., y_n]^T$. Ou seja, a rede MLP é funciona como uma seqüência de Perceptrons simples interconectados, de forma a gerar a propagação dos sinais de entrada atravessando todas as camadas até a saída da rede.

5.3 O ALGORITMO DE RETROPROPAGAÇÃO DE ERRO

De maneira similar ao perceptron, no MLP necessita da definição do sinal de erro e da taxa de aprendizagem. Entretanto, para o melhor

Perceptrons de Múltiplas Camadas **47**

funcionamento e mais correta definição das correções nos pesos das saídas dos neurônios em cada camada, algumas especificidades são atribuídas no sinal de erro. Isto, de certa forma, garante uma maior convergência no aprendizado da rede. Todo o procedimento do treinamento do MLP é baseado no sinal de erro, o que é visto a seguir.

No MLP, o sinal de erro do neurônio de saída j, na iteração n, é definido por:

$$e_j(n) = d_j(n) - y_j(n), \qquad (5.1)$$

em que:

- $y_j(n)$ é a resposta calculada para o neurônio j;

- $d_j(n)$ é a resposta desejada para o neurônio j.

O sinal de erro global e instantâneo da rede, para os J neurônios da camada de saída, na iteração n, é definido por:

$$E(n) = \frac{1}{2} \sum_{j=1}^{J} e_j^2(n) \qquad (5.2)$$

O erro de cada neurônio é elevado ao quadrado para evitar que um erro negativo oriundo de um neurônio compense um erro positivo de outro. O importante é a *distância euclidiana* entre a resposta desejada e a calculada pela rede.

O erro global médio da rede para todo o conjunto de treinamento, ou seja, para um número N de iterações necessárias para apresentar todo um ciclo de treinamento (*uma época*) em cada exemplo utilizado, é definido pela média aritmética dos erros globais instantâneos, conforme a expressão da Equação (5.3):

$$\overline{E} = \frac{1}{N} \sum_{n=1}^{N} E(n) \qquad (5.3)$$

48   REDES NEURAIS: Fundamentos e Aplicações com Programas em C

Pode-se concluir que o erro global instantâneo médio, assim como, o erro global instantâneo $E(n)$ são funções de todos os parâmetros livres (pesos sinápticos e *bias*) da rede. Dessa forma, a questão passa a ser em como atribuir uma parcela de *culpa*, pelo *erro global instantâneo*, a cada um dos parâmetros livres, com finalidade de possibilitar o ajuste destes parâmetros em direção a um erro global mínimo, ou seja, torna-se a tratar do *problema de atribuição de crédito*.

Para facilitar a compreensão, imagine-se uma rede perceptron de múltiplas camadas com função de transferência sigmóide (vide Equação (2.2)), na qual seriam arbitrados valores aleatórios aos pesos sinápticos e níveis de *bias*. Em seguida seria apresentado o primeiro conjunto de sinais de entrada, os quais resultariam num conjunto de sinais de saída que, comparados ao conjunto de sinais de saída desejado, resultariam no erro global instantâneo. Supondo que seja desejado ajustar o peso hipotético $w(k,j)$, ou seja um peso w de uma sinapse entre o neurônio k e o neurônio j, poder-se-ia escrever a equação do erro global instantâneo $E(n)$ em função de $w(k,j)$ mantendo os outros pesos constantes. Assim, ter-se-ia uma equação com a forma geral vista na Equação (5.4):

$$E = \frac{1}{2}\sum_n (d_n - \varphi(\sum_k w_{ok}\varphi(...\varphi(\sum_j w_{kj}\varphi(...\varphi(\sum_i w_{li}x_i))))))^2 \qquad (5.4)$$

Esta equação é composta de somatórios de funções sigmóides aninhados, onde d representa os sinais de saída desejados, x representa os sinais de entrada e φ a função sigmóide de transferência. A representação gráfica teria a forma similar a apresentada na Figura 5.2.

Perceptrons de Múltiplas Camadas

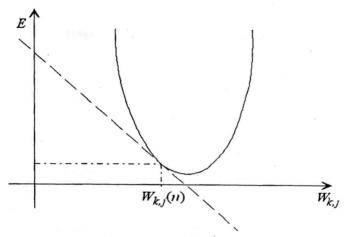

Figura 5.2: Representação gráfica para a função E x w.

A derivada da função $E(n)$ em relação a w_{kj}, para o valor deste peso na iteração n, $\partial E(n)/\partial w_{kj}(n)$, está representada pelo valor da tangente no ponto, definida pela reta no gráfico da Figura 5.2. Derivadas parciais, como esta, são *"a chave"* para o ajuste dos parâmetros livres, pois representam *fatores de sensibilidade*, determinando o sinal e a magnitude das correções aplicadas aos pesos. Ou seja, uma relação $\partial E(n)/\partial w_{kj}(n)$ positiva significa que, se for aplicada uma correção positiva ao peso sináptico $w_{kj}(n)$, ter-se-ia um acréscimo no *erro global* $E(n)$, devendo, neste caso, deve ser aplicada uma correção negativa e vice-versa. Também, sabe-se que se o valor da relação $\partial E(n)/\partial w_{kj}(n)$ fosse pequena, estaria próximo a um $E(n)$ mínimo. Sendo assim, deve ser aplicada uma correção a $w_{kj}(n)$ pequena. Por outro lado, se o valor desta derivada fosse grande, provavelmente, o valor de w_{kj} estaria distante do valor que resultaria em $E(n)$ mínimo, portanto seria necessário aplicar uma correção maior para $w_{kj}(n)$.

O leitor irá perceber que os conceitos descritos acima estão contidos na *regra delta*, conforme descrita na Equação (5.5):

$$\Delta w_{ij}(n) = -\eta \frac{\partial E(n)}{\partial w_{ij}(n)}, \quad (5.5)$$

em que η é a taxa de aprendizado.

O processo de aprendizado prosseguiria, ainda na primeira iteração, com aplicação desta correção para cada um dos demais pesos e níveis de *bias*. Feito isso, a rede estaria mais ajustada ao primeiro par de sinais de entrada e saída apresentados. O treinamento continuaria com a repetição deste procedimento para todo o conjunto de treinamento que constitui uma *época*. Após isto, seria calculado o erro global médio da rede. Se o resultado fosse satisfatório, o treinamento estaria concluído, caso contrário, o conjunto de treinamento seria apresentado mais uma vez à rede que, então, teria seu desempenho reavaliado. O processo se repetiria até que se atingisse um número limite de iterações ou até que o erro global médio fosse aceitável e a rede se mostrasse treinada.

Entretanto, o cálculo da derivada parcial $\partial E(n)/\partial w_{ij}(n)$ para cada um dos pesos não é simples, pois, como já foi visto, $E(n)$ é uma equação composta de somatórios de funções sigmóides aninhados. Para viabilizar a solução deste problema, o processo de ajuste por *retropropagação de erro,* como o próprio nome sugere, começa pela última camada de neurônios em direção à primeira, pois uma determinada derivada parcial, denominada *gradiente local* $\delta_j(n)$, calculada em uma camada será, convenientemente, utilizada no cálculo dos gradientes de erro da camada imediatamente anterior, conforme será visto mais adiante.

Para determinar isso, em princípio, deve-se concentrar em um único neurônio da camada de saída, indexado pela letra j, que é alimentado por um conjunto de sinais funcionais y_i produzidos pela camada de neurônios anterior, conforme ilustrado na Figura 5.3.

Perceptrons de Múltiplas Camadas

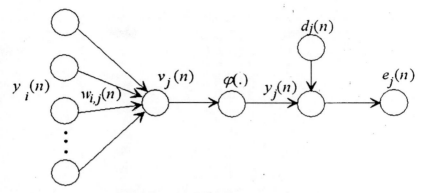

Figura 5.3: Grafo de fluxo de um neurônio para análise do algoritmo de retropropagação.

O objetivo é determinar a derivada parcial $\partial E(n)/\partial w_{ij}(n)$, para aplicar a correção $\Delta w_{ij}(n)$ ao peso sináptico $w_{ij}(n)$. De acordo com a *regra de cadeia* do cálculo, pode-se expressar esta derivada parcial como na Equação (5.6) a seguir:

$$\frac{\partial E(n)}{\partial w_{ij}(n)} = \frac{\partial E(n)}{\partial e_j(n)} \frac{\partial e_j(n)}{\partial y_j(n)} \frac{\partial y_j(n)}{\partial v_j(n)} \frac{\partial v_j(n)}{\partial w_{ij}(n)}. \tag{5.6}$$

É conveniente, então, introduzir o conceito de *gradiente local* do neurônio j, $\delta_j(n)$, que é dado pela derivada $\partial E(n)/\partial v_j(n)$, que pode ser escrita como:

$$\frac{\partial E(n)}{\partial v_j(n)} = \frac{\partial E(n)}{\partial e_j(n)} \frac{\partial e_j(n)}{\partial y_j(n)} \frac{\partial y_j(n)}{\partial v_j(n)} \tag{5.7}$$

ou seja, o gradiente é formado pela multiplicação dos três primeiros fatores da função $\partial E(n)/\partial w_{ij}(n)$ apresentada na Equação (5.7).

Desenvolvendo o fator $\partial E(n)/\partial e_j(n)$ de

$$E(n) = \frac{1}{2}\sum_{j=1}^{J} e_j^2(n)$$

tem-se:

$$e_j(n) = d_j(n) - y_j(n) \tag{5.8}$$

52   REDES NEURAIS: Fundamentos e Aplicações com Programas em C

Desenvolvendo o fator $\partial e_j(n)/\partial y_j(n)$ em que

$$e_j(n) = d_j(n) - y_j(n) \qquad (5.9)$$

tem-se:

$$\frac{\partial e_j(n)}{\partial y_j(n)} = -1 \qquad (5.10)$$

e, desenvolvendo o fator $\partial y_j(n)/\partial v_j(n)$ com

$$y_j(n) = \varphi_j(v_j(n)) \qquad (5.11)$$

encontra-se:

$$\frac{\partial y_j(n)}{\partial v_j(n)} = \varphi_j{}'(v_j(n)). \qquad (5.12)$$

Se, por exemplo, a função de transferência φ utilizada fosse sigmóide, a derivada parcial acima teria a seguinte forma:

$$\varphi_j{}'(v_j(n)) = \frac{e^{-v_j(n)}}{(1 + e^{-v_j(n)})^2}$$

A partir deste ponto já se pode escrever a equação do *gradiente local* do neurônio j, $\delta_j(n)$, substituindo os fatores desenvolvidos:

$$\delta_j(n) = \frac{\partial E(n)}{\partial v_j(n)} = \frac{\partial E(n)}{\partial e_j(n)} \frac{\partial e_j(n)}{\partial y_j(n)} \frac{\partial y_j(n)}{\partial v_j(n)} = -e_j(n)\varphi_j'(v_j(n)). \qquad (5.13)$$

Disto, desenvolvendo o fator $\partial v_j(n)/\partial w_{ij}(n)$, em que:

$$v_j(n) = \sum_i w_{ij}(n)y_i(n) \qquad (5.14)$$

encontra-se que:

Perceptrons de Múltiplas Camadas

$$\frac{\partial v_j(n)}{\partial w_{ij}(n)} = y_i(n).$$

(5.15)

Substituindo os fatores desenvolvidos na Equação (5.6), $\partial E(n)/\partial w_{ij}(n)$, obtém-se:

$$\frac{\partial E(n)}{\partial w_{ij}(n)} = -e_j(n)\varphi_j'(v_j(n))y_i(n)$$

(5.16)

ou ainda:

$$\frac{\partial E(n)}{\partial w_{ij}(n)} = \delta_j(n)y_i(n).$$

(5.17)

com

$$\delta_j(n) = -e_j(n)\varphi_j'(v_j(n)).$$

Com isto, já se pode aplicar correção a todos os pesos sinápticos e níveis de *bias* dos neurônios da última camada. Esta correção se dará pela aplicação da *regra delta*, conforme Equação (5.18), apresentada a seguir:

$$\Delta w_{ij} = -\eta \frac{\partial E(n)}{\partial w_{ij}(n)} = \eta e_j(n)\varphi_j'(v_j(n))y_i(n).$$

(5.18)

ou

$$\Delta w_{ij} = -\eta \delta_j(n)y_i(n).$$

O processo prossegue com o ajuste dos pesos dos neurônios da camada imediatamente anterior, ou seja, de uma camada oculta.

Para realizar o supracitado ajuste, tem-se que determinar $\partial E(n)/\partial w_{ki}(n)$.

Com a finalidade de facilitar o entendimento, na Figura 5.4 é visto o *grafo de fluxo de sinal*, em que é representado, além do neurônio da camada de saída visto anteriormente, um neurônio da camada imediatamente anterior.

REDES NEURAIS: Fundamentos e Aplicações com Programas em C

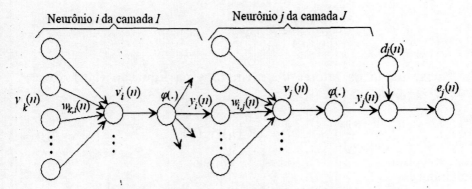

Figura 5.4: Perceptron para exemplo de treinamento.

Se, com o intuito de determinar a derivada $\partial E(n)/\partial w_{ki}(n)$, fosse somado um valor infinitesimal $\partial w_{ki}(n)$ ao valor do peso $w_{ki}(n)$, ter-se-ia uma correção infinitesimal em $v_i(n)$ cujo valor seria:

$$\partial v_i(n) = (\partial v_i(n)/\partial w_{ki}(n)) \times \partial w_{ki}(n).$$

Conseqüentemente haveria uma correção infinitesimal em $y_i(n)$, cujo valor seria dado por:

$$\partial y_i(n) = (\partial y_i(n)/\partial v_i(n)) \times \partial v_i(n).$$

Logo, considerando que:

$$\frac{\partial v_i(n)}{\partial w_{ki}(n)} = y_k(n) \qquad (5.19)$$

e que

$$\frac{\partial y_i(n)}{\partial v_i(n)} = \varphi_i'(v_i(n)) \qquad (5.20)$$

tem-se

$$\frac{\partial y_i(n)}{\partial w_{ki}(n)} = \frac{\partial y_i(n)}{\partial v_i(n)} \frac{\partial v_i(n)}{\partial w_{ki}(n)} = \varphi_i'(v_i(n)) y_k(n). \qquad (5.21)$$

Perceptrons de Múltiplas Camadas

Sendo assim, o valor de $\partial y_i(n)$ seria:

$$\partial y_i(n) = \varphi_i'(v_i(n)) y_k(n) \partial w_{ki} \qquad (5.22)$$

Este valor infinitesimal $\partial y_i(n)$ gerado pelo neurônio i, após receber o acréscimo $\partial w_{ki}(n)$ ao seu peso $w_{ki}(n)$, seria distribuído para todos os neurônios da camada seguinte (esta rede é amplamente conectada). Como resultado disto, cada neurônio da camada J, iria gerar um acréscimo infinitesimal em sua função de ativação

$$\partial v_j(n) = \partial y_i(n) \, w_{ij},$$

pois já foi visto que a derivada

$$\partial v_j(n)/\partial y_i(n) = w_{ij}.$$

Pode-se, ainda, expressar $\partial v_j(n)$, conforme Equação (5.23), a seguir:

$$\partial v_j(n) = \varphi_i'(v_i(n)).y_k(n).\partial w_{ki}.w_{ij} \qquad (5.23)$$

Considerando-se que o valor do erro global instantâneo $E(n)$ é função dos valores $v_j(n)$ de todos os neurônios da camada J, pode-se concluir que, a cada acréscimo infinitesimal $\partial v_j(n)$ ocorrido nos neurônios da camada J, corresponderia a um acréscimo $\partial E(n)$ ao valor do erro global instantâneo, cuja razão seria dada pela relação $\partial E(n)/\partial v_j(n)$, ou seja, o valor do gradiente local $\delta_j(n)$.

Aplica-se, então, o índice j a estes acréscimos infinitesimais em $E(n)$, para indicar que estes são parcelas respectivas aos neurônios de mesmo índice. Assim tem-se a notação $E_j(n)$.

Pode-se dizer que o acréscimo infinitesimal $\partial w_{ki}(n)$ no peso $w_{ki}(n)$ do neurônio i, iria gerar um acréscimo $\partial y_i(n)$ no sinal de saída deste neurônio que, por sua vez, iria resultar um acréscimo $\partial v_j(n)$ em cada um dos neurônios da camada J, que resultariam respectivos acréscimos

$\partial E_j(n)$ ao erro global instantâneo, para cada neurônio da camada J ao qual o neurônio i estivesse conectado (no caso deste exemplo, todos), conforme descrito abaixo:

$$\partial E_j(n) = \delta_j(n).\partial v_j(n) \tag{5.24}$$

Esta é a parcela $\partial E_j(n)$ oriunda da entrada do sinal $\partial y_i(n)$ no neurônio j. Entretanto, o sinal $\partial y_i(n)$ é distribuído para todos os neurônios da camada subseqüente, gerando uma parcela $\partial E(n)$ para cada uma destas entradas. Sendo assim, para calcular o acréscimo total no valor $E(n)$, oriundo do acréscimo infinitesimal aplicado a $w_{ki}(n)$, é necessário somar as parcelas oriundas de todos os N neurônios da camada J, ou seja,

$$\partial E(n) = \sum_{j=1}^{N} \partial E_j(n) \tag{5.25}$$

ou

$$\partial E(n) = \sum_{j=1}^{N} \delta_j(n).\partial v_j(n) \tag{5.26}$$

em que se encontra

$$\partial E(n) = \sum_{j=1}^{N} (\delta_j(n).\varphi_i'(v_i(n)).y_k(n).w_{ij}(n).\partial w_{ki}(n)) \tag{5.27}$$

Com isso, pode-se determinar a derivada $\partial E(n)/\partial w_{ki}(n)$, que é:

$$\frac{\partial E(n)}{\partial w_{ki}(n)} = \varphi_i'(v_i(n)).y_k(n).\sum_{j=1}^{J}(\delta_j(n).w_{ij}(n)) \tag{5.28}$$

ou

$$\partial E(n) = \varphi_i'(v_i(n)).y_k(n).\partial w_{ki}(n).\sum_{j=1}^{N}(\delta_j(n).w_{ij}(n)). \tag{5.29}$$

Daí, substituindo a derivada $\partial E(n)/\partial w_{ki}(n)$ na *regra delta,* encontra-se:

Perceptrons de Múltiplas Camadas

57

$$\Delta w_{ki} = -\eta \frac{\partial E(n)}{\partial w_{ki}(n)} = -\eta \varphi_i'(v_i(n)).y_k(n).\sum_{j=1}^{J}(\delta_j(n).w_{ij}(n)) \tag{5.30}$$

Com isto formalizado, é possível ajustar todos os pesos da camada I, entretanto, é conveniente determinar o gradiente local $\delta_i(n)$, para todos os neurônios desta camada, pois estes serão necessários quando se ajustarem os pesos da camada imediatamente anterior, ou seja, a camada K.

Já foi demonstrado que:

$$\frac{\partial v_i(n)}{\partial w_{ki}(n)} = y_k(n).$$

Dessa forma,

$$\partial w_{ki} = \frac{\partial v_i(n)}{y_k(n)} \tag{5.31}$$

Substituindo a Equação (5.31) em $\partial E(n)/\partial w_{ki}(n)$, encontra-se:

$$\frac{\partial E(n)}{\partial w_{ki}(n)} = \frac{\partial E(n)}{\partial v_i(n)} y_k(n) \tag{5.32}$$

Isolando $\partial E(n)/\partial v_i(n)$, ou seja, $\delta_i(n)$, tem-se:

$$\delta_i(n) = \frac{\partial E(n)}{\partial w_{ki}(n)} . \frac{1}{y_k(n)} \tag{5.33}$$

ou

$$\delta_i(n) = \varphi_i'(v_i(n)).\sum_{j=1}^{J}(\delta_j(n).w_{ij}(n)). \tag{5.34}$$

Dessa forma, a Equação (5.30) pode ser reescrita como:

$$\Delta w_{ki} = -\eta \delta_i(n) y_k(n). \tag{5.35}$$

58   REDES NEURAIS: Fundamentos e Aplicações com Programas em C

O procedimento para ajuste dos parâmetros livres das demais camadas ocultas é o mesmo.

A *taxa de aprendizagem* η é responsável pela velocidade com que se dá a busca no espaço de pesos, em direção aos valores que resultam em um erro global mínimo. Quanto menor for a taxa de aprendizagem, mais suave e precisa será a trajetória através do espaço de pesos, entretanto o aprendizado será lento. Em contraposição se for adotado um parâmetro muito grande para η, encontram-se modificações muito intensas nos pesos sinápticos e, consequentemente, uma busca oscilatória, ou seja, os valores dos pesos "passariam" do ponto ótimo e seriam remetidos de volta repetidamente, o que resultaria em uma rede instável.

Uma técnica usual para aumentar η sem comprometer a estabilidade da rede, é a inclusão do termo *momento* à regra delta, conforme Equação (5.35) a seguir:

$$\Delta w_{ki} = -\eta\, \frac{\partial E(n)}{\partial w_{ki}(n)} + \alpha.\Delta w_{ki}(n-1) \qquad (5.36)$$

onde α é um número positivo e menor η , denominado de *constante de momento*. A função deste termo é amortecer $\Delta w_{ki}(n)$ após a troca de sinais da derivada $\partial E(n)/\partial w_{ki}(n)$, ou seja, após a "passagem" pelo valor $w_{ki}(n)$ que resulta em $E(n)$ mínimo. Isto ocorre porque na iteração em que a parcela $-\eta.\partial E(n)/\partial w_{ki}(n)$ troca de sinal, o termo $\alpha.\eta.\partial E(n-1)/\partial w_{ki}(n-1)$, ainda preserva o seu antigo sinal e, desta forma, $\Delta w_{ki}(n)$ é amortecido, gerando um efeito estabilizador e evitando oscilação no processo de busca.

5.4   UM RESUMO DO ALGORITMO

Em resumo, o algoritmo de retropropagação pode ser descrito em cinco etapas, conforme apresentadas a seguir:

1.   Inicialização: arbitram-se valores aleatórios aos pesos sinápticos e níveis de *bias*, em uma distribuição uniforme, cuja média deverá ser zero.

Perceptrons de Múltiplas Camadas

2. Apresentação dos exemplos de treinamento: apresenta-se uma época de exemplos à rede. Para cada exemplo, realiza-se a propagação dos sinais e a retropropagação dos erros com a correção dos pesos e níveis de *bias*, conforme descrito nos dois próximos itens.

3. Propagação dos sinais: aplica-se à camada de entrada da rede o vetor de sinais de entrada $x(n)$ e calcula-se o campo local induzido e o sinal de saída para todos os neurônios, começando da camada de entrada até a camada de saída, onde se obtém o vetor de sinais funcionais da rede $y(n)$. Em seguida, calcula-se o sinal de erro $e_j(n)$ para cada neurônio da camada de saída, pela comparação de $y(n)$ com o vetor de sinais de saída desejados $d(n)$. Daí, calculam-se o erro instantâneo e com este, o erro médio global, para teste de finalização.

4. Retropropagação dos sinais de erro: calculam-se os gradientes locais para todos os neurônios da camada de saída:

$$\delta_j(n) = -e_j(n)\varphi_j'(v_j(n))$$

Em seguida, calculam-se os ajustes para os pesos daquela camada, bem como dos *bias*, os quais devem ser somados aos valores atuais:

$$\Delta w_{ij} = \eta e_j(n)\varphi_j'(v_j(n))y_i(n) = -\eta\delta_j(n)y_i(n)$$

$$\Delta b_j = \eta e_j(n)\varphi_j'(v_j(n))y_i(n) = -\eta\delta_j(n)y_i(n).$$

O próximo passo é o cálculo do gradiente local para os neurônios da penúltima camada (camada oculta):

$$\delta_i(n) = \varphi_i'(v_i(n))\sum_{j=1}^{J}(\delta_j(n)w_{ij}(n)).$$

Então, calcula-se o ajuste para todos os pesos desta camada, bem como dos *bias*, os quais devem ser somados aos valores atuais:

$$\Delta w_{ki} = -\eta \varphi_i'(v_i(n))y_k(n)\sum_{j=1}^{J}(\delta_j(n)w_{ij}(n)) = -\eta\delta_i(n)y_k(n),$$

$$\Delta b_i = -\eta \varphi_i'(v_i(n))y_k(n)\sum_{j=1}^{J}(\delta_j(n)w_{ij}(n)) = -\eta\delta_i(n)y_k(n).$$

O processo prossegue de forma idêntica para as demais camadas ocultas, assim como para a camada de entrada, em que os valores dos ajustes na primeira camada oculta (após a entrada da rede) deve ter o valor $y_k(n)$ substituído pelo valor de $x_k(n)$.

5. Iteração: iteram-se as computações apresentando novas épocas de exemplos de treinamento para a rede de forma aleatória de época para época, até que seja satisfeito o critério de parada, que pode ser o número máximo de iterações ou um valor limite para o erro global médio da rede.

Tomando como base estes passos, é possível ensinar uma rede MLP. Na próxima seção, um exemplo é apresentado para fixar as idéias referentes a este formalismo algorítmico.

5.5 UM EXEMPLO NUMÉRICO

Para facilitar a compreensão a respeito do *algoritmo de retropropagação de erro*, será demonstrada a primeira iteração do processo de aprendizagem de uma rede perceptron amplamente conectada com uma camada sensorial, que recebe dois sinais de entrada, uma camada oculta, contendo dois neurônios e uma camada de saída, constituída de um único neurônio, conforme o grafo arquitetural apresentado na Figura 5.5.

Perceptrons de Múltiplas Camadas

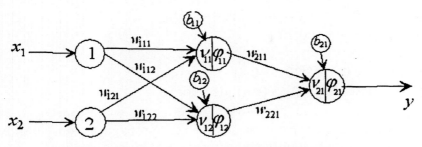

Figura 5.5: Perceptron para exemplo de treinamento.

Para este exemplo, é adotada uma função de transferência sigmóide:

$$\varphi(v) = \frac{1}{1+e^{-v}}.$$

Definida a arquitetura e o tipo de função de transferência, inicializa-se a rede, arbitrando valores aleatórios aos pesos sinápticos e níveis de *bias*, conforme segue:

$w_{111} = 0,8$
$w_{112} = -0,6$
$w_{121} = 0,3$
$w_{122} = -0,4$
$w_{211} = 0,7$
$w_{221} = -0,8$
$b_{11} = 0,7$
$b_{12} = -0,4$
$b_{21} = -0,3$

O primeiro exemplo de treinamento será o vetor $x = [1, 1]$, ao que se espera o retorno $d = 0$.

Durante o procedimento de propagação do sinal de entrada, encontrar-se-ão os seguintes valores:

$v_{11} = 1 \times 0,8 + 1 \times 0,3 + 0,7 = 1,80$
$\varphi_{11} = 1/(1+e^{-1,8}) = 0,86$

REDES NEURAIS: Fundamentos e Aplicações com Programas em C

$v_{12} = 1 \times (-0,6) + 1 \times (-0,4) - 0,4 = -1,40$
$\varphi_{12} = 1/(1 + e^{1,4}) = 0,20$

$v_{21} = 0,86 \times 0,7 + 0,20 \times (-0,8) - 0,3 = 0,14$
$\varphi_{21} = 1/(1 + e^{-0,14}) = 0,53$ (sinal de saída)

O último passo desta iteração é a retropropagação do sinal de erro:

Considerando $\eta = 0,8$ (adotado neste exemplo como taxa de aprendizagem constante, embora usualmente este parâmetro seja inversamente proporcional ao número de iterações realizadas)

Cálculo do erro do neurônio de saída (Equação (5.1)):
$e_{21} = d - \varphi_{21} = 0 - 0,53 = -0,53$

Cálculo do valor de φ' e δ do neurônio da saída (Equação (5.13)):
$\varphi'_{21}(v_{21}) = e^{-0,14}/(1 + e^{-0,14})^2 = 0,25$
$\delta_{21} = 0,53 \times 0,25 = 0,13$

Cálculo do ajuste do peso do arco que liga o primeiro neurônio da camada oculta ao neurônio de saída (Equação (5.18)):
$\Delta w_{211} = 0,8 \times (-0,53) \times 0,25 \times 0,86 = -0,09$
$w_{211}(n + 1) = 0,7 - 0,09 = 0,61$

Cálculo do ajuste do peso do arco que liga o segundo neurônio da camada oculta ao neurônio de saída (Equação (5.18)):
$\Delta w_{221} = 0,8 \times (-0,53) \times 0,25 \times 0,20 = -0,02$
$w_{221}(n + 1) = -0,8 - 0,02 = -0,82$

Cálculo do ajuste do *bias* do neurônio de saída:
$\Delta b_{21} = 0,8 \times (-0,53) \times 0,25 \times 1 = -0,11$
$b_{21}(n + 1) = -0,3 - 0,11 = -0,41$

Perceptrons de Múltiplas Camadas

Cálculo do valor de φ' e δ do primeiro neurônio da camada oculta (Equação (5.34)):

$$\varphi'_{11}(v_{11}) = e^{-1,80}/(1 + e^{-1,80})^2 = 0,12$$
$$\delta_{11} = 0,12 \times 0,13 \times 0,7 = 0,01$$

Cálculo do ajuste do peso do arco que liga o primeiro neurônio da entrada ao primeiro neurônio da camada oculta (Equação (5.35)):

$$\Delta w_{111} = -0,8 \times 1 \times 0,01 = -0,01$$
$$w_{111}(n + 1) = 0,8 - 0,01 = 0,79$$

Cálculo do ajuste do peso do arco que liga o segundo neurônio da entrada ao primeiro neurônio da camada oculta (Equação (5.35)). Observe que neste caso, está se utilizando a entrada x, devido à rede ter apenas uma camada oculta, conforme última observação no passo 4 do resumo do algoritmo:

$$\Delta w_{121} = -0,8 \times 1 \times 0,01 = -0,01$$
$$w_{121}(n + 1) = 0,3 - 0,01 = 0,29$$

Cálculo do ajuste do *bias* do primeiro neurônio da camada oculta. Observe que neste caso, também está se utilizando a entrada x, devido à rede ter apenas uma camada oculta, conforme última observação no passo 4 do resumo do algoritmo:

$$\Delta b_{11} = -0,8 \times 1 \times 0,01 = -0,01$$
$$b_{11}(n + 1) = 0,7 - 0,01 = 0,69$$

Cálculo do valor de φ' e δ do segundo neurônio da camada oculta:

$$\varphi'_{12}(v_{12}) = e^{1,40}/(1 + e^{1,40})^2 = 0,16$$
$$\delta_{12} = 0,16 \times 0,13 \times (-0,8) = -0,02$$

Cálculo do ajuste do peso do arco que liga o primeiro neurônio da entrada ao segundo neurônio da camada oculta (Equação (5.35)) . Observação idêntica deve ser feita neste caso, pois está se utilizando a entrada x, devido à rede ter apenas uma camada oculta, conforme última observação no passo 4 do resumo do algoritmo:

$\Delta w_{122} = -0,8 \times 1 \times (-0,02) = 0,02$
$w_{122}(n + 1) = -0,4 + 0,02 = -0,38$

Cálculo do ajuste do peso do arco que liga o segundo neurônio da entrada ao segundo neurônio da camada oculta (Equação (5.35)) Observação idêntica também deve ser feita neste caso, pois está se utilizando a entrada x, devido à rede ter apenas uma camada oculta, conforme última observação no passo 4 do resumo do algoritmo:
$\Delta w_{112} = -0,8 \times 1 \times (-0,02) = 0,02$
$w_{112}(n + 1) = -0,6 + 0,02 = -0,58$

Cálculo do ajuste do *bias* do segundo neurônio da camada oculta A mesma observação deve ser feita também neste caso, pois está se utilizando a entrada x, devido à rede ter apenas uma camada oculta, conforme última observação no passo 4 do resumo do algoritmo:
$\Delta b_{12} = -0,8 \times 1 \times (-0,02) = 0,02$
$b_{12}(n + 1) = -0,4 + 0,02 = -0,38$

O processo continua de modo similar para os demais exemplos de treinamento, recalculando o erro instantâneo e o erro médio global em cada um deles. Após completar a apresentação de uma época inteira, calcula-se o erro médio global. Se este erro não for aceitável apresenta-se outra época, caso contrário, encerra-se o treinamento.

Agora que se ajustaram todos os pesos e níveis de *bias* para esta iteração, é interessante recalcular o sinal de saída, para verificar o novo valor do erro para este mesmo exemplo de treinamento:

$v_{11}(n + 1) = 1 \times 0,79 + 1 \times 0,29 + 0,69 = 1,77$
$\varphi_{11}(n + 1) = 1/(1 + e^{-1,77}) = 0,85$

$v_{12}(n + 1) = 1 \times (-0,58) + 1 \times (-0,38) - 0,38 = -1,34$
$\varphi_{12}(n + 1) = 1/(1 + e^{1,34}) = 0,21$

Perceptrons de Múltiplas Camadas

$v_{21}(n + 1) = 0,85 \times 0,61 + 0,21 \times (-0,82) - 0,41 = -0,06$

$\varphi_{21}(n + 1) = 1/(1 + e^{0,06}) = 0,48$ (sinal de saída)

$e_{21}(n + 1) = d - \varphi_{21}(n + 1) = 0 - 0,48 = -0,48$

A rede apresenta um erro menor, como já seria de se esperar.

É importante revelar que esta rede poderia aprender a representar o problema XOR, caso o leitor se dispusesse a repetir o procedimento demonstrado acima, por algumas centenas de vezes.

5.6 APRENDIZADO PELO GRADIENTE DESCENDENTE

O procedimento de ajuste descrito nas seções anteriores permite o ajuste de cada peso do MLP isoladamente. Uma alternativa é o método de otimização denominado gradiente descendente, o qual permite o ajuste de todos os pesos sinápticos de um neurônio em uma única operação.

Uma rede neural com uma única camada oculta, conforme ilustrada na Figura 5.5, é caracterizada por duas matrizes: $W_1 \in \Re^n x \ \Re^j$ e $W_2 \in \Re^j x \ \Re^m$. A matriz W_1 contém todos os pesos sinápticos que conectam os neurônios da camada de entrada com os neurônios da camada oculta, enquanto W_2 contém os pesos sinápticos que conectam os neurônios da camada oculta com os neurônios da camada de saída.

Os *bias* b_1 e b_2 também são considerados, tal que a propagação do sinal de entrada nesta RNA é dada por:

$$y_h = \varphi(W_1 x + b_1) \tag{5.37}$$

$$y = W_2 y_h + b_2 \tag{5.38}$$

onde $\varphi(.)$ é a função sigmóide e y_h é o vetor de saída da camada oculta.

O treinamento desta RNA pode ser associado a um problema de otimização numérica, onde a função objetivo a ser minimizada a cada iteração é a energia de erro ε. Esse escalar positivo é calculado conforme descrito na Equação (5.39):

$$\varepsilon = (y_d[n] - y[n])^T \cdot (y_d[n] - y[n]) \tag{5.39}$$

onde $y[n]$ é o vetor de saída da rede e $y_d[n]$ é o vetor de saída alvo (i.e. saída desejada) na iteração n.

Note que $y[n]$ é função das matrizes de pesos sinápticos W_1, W_2 e dos vetores de *bias* b_1 e b_2, assim ε também é função destes parâmetros. Logo, é possível aproximar esta superfície de erro por meio da Série de Taylor de primeira ordem em torno do ponto corrente (W_1, W_2, b_1, b_2). Assim, caso se deseje calcular o ajuste a ser aplicado ao vetor de pesos do neurônio j da camada k, representado por $w_{kj} = W_k(:,j)$, faz-se, inicialmente, a seguinte aproximação:

$$\varepsilon(w_{kj}[n] + \Delta w_{kj}[n]) \cong \varepsilon(w_{kj}[n]) + \nabla \varepsilon_{kj}[n]^T \Delta w_{kj}[n] \tag{5.40}$$

onde $\nabla \varepsilon_{kj}[n]$ é vetor gradiente, cujos componentes são as derivadas parciais da energia de erro em relação a cada um dos pesos sinápticos do neurônio j da camada k.

Observando a Equação (5.40) é possível constatar que para minimizar o erro global é necessário que a parcela: $\nabla \varepsilon_{kj}[n]^T \Delta w_{kj}[n]$ seja negativa e com o maior módulo possível. Para que o módulo deste produto interno seja máximo os vetores $\nabla \varepsilon_{kj}[n]$ e $\Delta w_{kj}[n]$ devem ser colineares. Para que o resultado seja negativo os sinais destes vetores devem ser opostos. A regra delta atende às condições supracitadas:

$$\Delta w_{kj}[n] = -\eta \, \nabla \varepsilon_{kj}[n] \tag{5.41}$$

onde η é o parâmetro taxa de aprendizagem.

O cálculo do gradiente local de um neurônio j na camada oculta (i.e. $k = 1$) é calculado por meio da regra de cadeia do cálculo, conforme segue:

$$\nabla \varepsilon_{1j}[n] = \frac{\partial \varepsilon}{\partial w_{1j}}\bigg|_{w_{kj} = w_{kj}[n]} = \frac{\partial \varepsilon}{\partial y} \cdot \frac{\partial y}{\partial y_{h_j}} \cdot \frac{\partial y_{h_j}}{\partial v_{1j}} \frac{\partial v_{1j}}{\partial w_{1j}} \tag{5.42}$$

Perceptrons de Múltiplas Camadas 67

onde y_{h_j} é a saída do neurônio j da camada oculta, $\dfrac{\partial \varepsilon}{\partial y} = 2(y - y_d) \cdot \dfrac{\partial y}{\partial y_{h_j}}$ é a coluna j da matriz W_2, v_{1j} é a função de ativação do neurônio j, $\dfrac{\partial y_{h_j}}{\partial v_{1j}} = \varphi'(v_{1j})$ e $\dfrac{\partial v_{1j}}{\partial w_{1j}} = x^T$.

Para aumentar a taxa de aprendizagem η sem comprometer a estabilidade da rede, inclui-se o termo *momento* à regra delta, conforme Equação (5.43):

$$\Delta w_{kj}[n] = -\eta \nabla \varepsilon_{kj}[n] + \alpha \, \Delta w_{kj}[n-1] \tag{5.43}$$

onde α é o parâmetro constante de momento. A função deste termo é amortecer Δw_{kj} quando o processo de busca ultrapassa w_{ki}^*, gerando um efeito estabilizador e evitando oscilações no processo de busca.

Métodos baseados no vetor gradiente são ditos métodos de busca local, visto que podem conduzir a busca para um mínimo local da função de energia de erro e lá estacionar. Note que em um ponto de mínimo (ainda que um mínimo local) as derivadas parciais da energia de erro são nulas, assim não é possível o deslocamento do conjunto de pesos por meio da regra delta.

O leitor pode simplificar a implementação computacional destes métodos por meio de uma rotina para o cálculo recursivo das derivadas parciais numericamente por meio da aproximação:

$$\frac{\partial \varepsilon}{\partial w} \cong \frac{\big(\varepsilon(w + \Delta w) - \varepsilon(w)\big)}{\Delta w} \tag{5.44}$$

A experiência recomenda o valor $\Delta w = 0{,}001$.

5.7 Programa em C para MLP

Um MLP pode ser formalizado via um programa computacional. O programa em linguagem C a seguir realiza a montagem e treinamento de

68 REDES NEURAIS: Fundamentos e Aplicações com Programas em C

uma rede neural deste tipo. Neste programa, o leitor pode modificar os valores das constantes `entrada`, `saida`, `ncesc` e `exemplos`, nos comandos de pré-processador (`#define`) os quais determinam respectivamente o número de neurônios de entrada, o número de neurônios de saída, o número de neurônios da camada oculta (o programa só realiza uma rede MLP com uma única camada oculta) e o número de exemplos de entrada e saída para o treinamento da rede. Neste programa, o leitor entra com os dados de treinamento, valor do erro aceitável, taxa de aprendizagem e número de épocas de treinamento, em que o programa treina a rede definida nas constantes, parando quando ou o erro médio global é atingido, ou quando atinge o máximo de iterações determinadas. Este programa realiza o algoritmo da Seção 5.4. Caso o leitor deseje, pode substituir as linhas de entrada de dados de treinamento (formadas por funções `scanf`) por definições de dados iniciais em uma matriz, para o programa rodar mais rápido.

```c
#include <stdio.h>
#include <math.h>
#include <conio.h>
#include <stdlib.h>

#define ncesc 4
#define entrada 4
#define saida 2
#define exemplos 10

main(){
    float w[saida][ncesc], W[ncesc][entrada], errodes, Erroinst,
            Erromg = 0, erro[saida], niesc[ncesc], ni[saida],
            biasesc[ncesc], biass[saida], eta, phiesc[ncesc],
            phi[saida], philesc[ncesc], phil[saida],
            delta[saida], deltaesc[ncesc];
    int x, y, cont2, contt, epocas, funcao;
    float entradas[entrada][exemplos], saidas[saida][exemplos];
    clrscr();
    printf("bias e pesos iniciais...\n");
    for(y = 0; y < ncesc; y++){
        for(x = 0; x < saida; x++)
            w[x][y] = rand()%2 + .5;
        for(x = 0; x < entrada; x++)
            W[y][x] = rand()%2 + .5;
        biasesc[y] = rand()%2;
    }
```

Perceptrons de Múltiplas Camadas

```
for(x = 0; x < saida; x++)
    biass[x] = rand()%2 + .5;
for(y = 0; y < saida; y++)
    printf("Neurônio de Saída: bias[%d] = %f\n", y,
            biass[y]);

for(y = 0; y < ncesc; y++)
    printf("Neurônio da camada escondida: bias[%d] = %f\n",
            y, biass[y]);

printf("Entre com o número de épocas de treinamento:\n");
scanf("%d", &epocas);
printf("Entre com os vetores de exemplos de treinamento de
        entrada:\n");
for(x = 0; x < entrada; x++)
    for(y = 0; y < exemplos; y++)
        scanf("%f", &entradas[x][y]);
printf("Entre com os vetores de exemplos de treinamento de
        saída:\n");
for(x = 0; x < saida; x++)
    for(y = 0; y < exemplos; y++)
        scanf("%f", &saidas[x][y]);

printf("Entre com o valor da taxa de aprendizagem: \n");
scanf("%f", &eta);

printf("Entre com o erro desejado:\n");
scanf("%f", &errodes);

printf("Entre com a função desejada [(1)degrau,
        (2)sigmoide]: \n");
scanf("%d", &funcao);

clrscr();

printf("Pesos iniciais:\n");
for(y = 0; y < ncesc; y++){
    for(x = 0; x < saida; x++)
        printf("w[%d][%d] = %f\n", x, y, w[x][y]);
    for(x = 0; x < entrada; x++)
        printf("W[%d][%d] = %f\n", x, y, W[y][x]);
}
printf("Iniciando processo iterativo...\n");
for(x = 0; x < epocas; x++){
    for(y = 0; y < exemplos; y++){
        for(contt = 0; contt < ncesc; contt++){
            niesc[contt] = 0;
            for(cont2 = 0; cont2 < entrada; cont2++)
                niesc[contt] = niesc[contt] + W[contt][cont2] *
                        entradas[cont2][y];
            niesc[contt] = niesc[contt] + biasesc[contt];
            switch(funcao){
```

```c
      case 1:
         if (niesc[contt] > 0) phiesc[contt] = 1;
         else phiesc[contt] = 0;
         break;
      case 2:
         phiesc[contt] = 1/(1 + exp(-niesc[ contt]));
         break;
      }
   }
for(contt = 0; contt < saida; contt++){
   ni[contt] = 0;
   for(cont2 = 0; cont2 < ncesc; cont2++)
      ni[contt] = ni[contt] + w[contt][cont2] *
            phiesc[cont2];
   ni[contt] = ni[contt] + biass[contt];
   switch(funcao){
      case 1:
         if (ni[contt] > 0) phi[contt] = 1;
         else phi[contt] = 0;
         break;
      case 2:
         phi[contt] = 1/(1 + exp(-ni[contt]));
         break;
      }
   }
for(contt = 0; contt < saida; contt++)
   erro[contt] = saidas[contt][y] - phi[contt];
Erroinst = 0;
for(contt = 0; contt < saida; contt++)
   Erroinst = Erroinst + erro[contt]*erro[contt]/2;
Erromg = (Erromg*(x*exemplos + y) + Erroinst) / (x *
         exemplos + (y+1));
if (Erromg < errodes)
   break;
for(cont2 = 0; cont2 < saida; cont2++){
  phil[cont2] = exp(-ni[cont2])/((1+exp(-ni[cont2]))*
            (1+exp(-ni[cont2])));
  delta[cont2] = -erro[cont2]*phil[cont2];
  }
for(cont2 = 0; cont2 < ncesc; cont2++){
  philesc[cont2] = exp(-niesc[cont2])/((1+exp(-niesc[
            cont2])) * (1+exp(-niesc[cont2])));
  deltaesc[cont2] = 0;
  for(contt = 0; contt < saida; contt++)
    deltaesc[cont2] = deltaesc[cont2] + philesc[cont2]
               * delta[contt]*w[contt][cont2];
  }
```

Perceptrons de Múltiplas Camadas

```c
        for(cont2 = 0; cont2 < saida; cont2++){
            for(contt = 0; contt < ncesc; contt++)
                w[cont2][contt] = w[cont2][contt] - eta* delta[
                                    cont2]*phiesc[contt];
            biass[cont2] = biass[cont2] - eta*delta[cont2]
                                    *phiesc[contt];
        }
        for(cont2 = 0; cont2 < ncesc; cont2++){
            for(contt = 0; contt < entrada; contt++)
                W[cont2][contt] = W[cont2][contt] - eta*deltaesc[
                                    cont2] *entradas[contt][y];
            biasesc[cont2] = biasesc[cont2] - eta*deltaesc[
                            cont2] *entradas[contt][y];
        }
    }
    if (Erromg < errodes) {
        printf("Finalizado pelo erro em %d épocas de
                treinamento!\n", x);
        break;
    }
}
printf("bias finais:\n");
for(y = 0; y < ncesc; y++)
printf("%f ", biasesc[y]);
printf("\n");
for(y = 0; y < saida; y++)
    printf("%f ", biass[y]);
    printf("\nPesos finais:\n");
for(y = 0; y < ncesc; y++){
    for(x = 0; x < saida; x++)
            printf("w[%d][%d] = %f\n", x, y, w[x][y]);
    for(x = 0; x < entrada; x++)
            printf("W[%d][%d] = %f\n", x, y, W[y][x]);
    }
printf("Finalizado!\n");
for (x = 0; x < exemplos; x++){
    printf("\nEntradas: ");
    for(y = 0; y < entrada; y++)
            printf("%f ", entradas[y][x]);
    printf("\nSaídas esperadas: ");
    for(y = 0; y < saida; y++)
            printf("%f ", saidas[y][x]);
    printf("\nSaídas da rede: ");
    for(contt = 0; contt < ncesc; contt++){
        niesc[contt] = 0;
        for(cont2 = 0; cont2 < entrada; cont2++)
```

REDES NEURAIS: Fundamentos e Aplicações com Programas em C

```
            niesc[contt] = niesc[contt] + W[contt][cont2]*
                           entradas[cont2][x];
        niesc[contt] = niesc[contt] + biasesc[contt];
        switch(funcao){
            case 1:
                if (niesc[contt] > 0) phiesc[contt] = 1;
                else phiesc[contt] = 0;
                break;
            case 2:
                phiesc[contt] = 1/(1 + exp(-niesc[contt]));
                break;
            }
        }
    for(contt = 0; contt < saida; contt++){
        ni[contt] = 0;
        for(cont2 = 0; cont2 < ncesc; cont2++)
            ni[contt] = ni[contt] + w[contt][cont2]*
                           phiesc[cont2];
        ni[contt] = ni[contt] + biass[contt];
        switch(funcao){
            case 1:
                if (ni[contt] > 0) phi[contt] = 1;
                else phi[contt] = 0;
                break;
            case 2:
                phi[contt] = 1/(1 + exp(-ni[contt]));
                break;
            }
        printf("%f ", phi[contt]);
        }
    }
printf("Erro médio global: %f", Erromg);
getch();
}
```

5.8 EXERCÍCIOS

5.1 Em que se baseia o algoritmo *backpropagation*?

5.2 Descreva os passos de treinamento de um *MLP*.

5.3 Utilize o programa C da Seção 5.7 para gerar um resultado preciso
para o problema XOR.

Perceptrons de Múltiplas Camadas

5.4 Insira no programa C da Seção 5.7 o termo *momento* α (Equação (5.43)) para verificar as mudanças que ocorrem no treinamento do *MLP*.

5.5 Considerando as funções $y = 3x + z$ e $y = 5x^2 - z$, crie uma rede neural que reconheça as mesmas em dois neurônios de saída (cada neurônio tem como saída o resultado de uma das funções). Modifique o programa C da Seção 5.7 para obter os resultados da mesma.

5.6 Pretende-se encontrar os resultados numéricos das funções $y = \sqrt{x}$ e $y = x^3$. Crie um *MLP* que determine na saída qual função está sendo calculada e o valor resultante para a entrada x. Utilize o programa C da Seção 5.7 para modificar e gerar seus resultados.

6
A REDE DE KOHONEN

Com o avanço dos estudos das redes neurais, uma nova técnica de aprendizado foi desenvolvida com uma nova formalização na distribuição das camadas de neurônios. A este formalismo deu-se o nome de seu criador, rede de Kohonen. Estas redes têm como princípio a aprendizagem competitiva, simulando processos específicos do cérebro humano na aprendizagem por meio de respostas sensoriais. Este tipo de rede e o algoritmo de aprendizagem são vistos neste capítulo.

6.1 DESCRIÇÃO

O algoritmo idealizado por Teuvo Kohonen, pesquisador da Universidade de Helsinki, é um modelo de *mapa auto-organizável*, alimentado para frente, de treinamento não supervisionado. Nesta estrutura, os neurônios estão dispostos como nós de uma grade que, normalmente, é uni ou bidimensional. No caso de um mapa bidimensional, a geometria é livre, podendo ser quadrada, retangular, triangular, etc.

O princípio fundamental deste modelo é a *aprendizagem competitiva*, ou seja, ao se apresentar uma entrada à rede, os neurônios competem entre si e o vencedor tem seus pesos ajustados para responder melhor ao supracitado estímulo. É, também, simulado um processo de cooperação entre o neurônio vencedor e seus vizinhos topológicos, que também recebem ajustes. Desta forma as características estatísticas intrínsecas contidas em um vetor de sinais de entrada, irão estimular alguma determinada localização espacial da rede. Mais especificamente, aquela que contenha um grupo de neurônios sintonizados àquele estímulo. Sendo assim, pode-se classificar esta rede como um *paradigma topológico*.

A motivação para a criação deste modelo neural é a teoria de que, no cérebro humano, entradas sensoriais diferentes são mapeadas em regiões específicas do córtex cerebral. A isto se pode denominar de *distribuição de probabilidade codificada por localização*.

A título de exemplo, é exposta na Figura 6.1 uma rede de Kohonen com oito nós de fonte, ou entrada, e quatro neurônios, dispostos em uma grade bidimensional quadrada. Cada neurônio da grade está totalmente conectado com todos os nós de fonte da camada de entrada. Cada padrão de entrada apresentado à rede irá gerar um "foco" de atividade em alguma região desta grade.

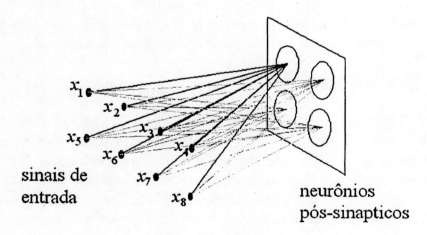

Figura 6.1: Rede de Kohonen.

A Rede de Kohonen   **77**

6.2 O ALGORITMO DA REDE

O algoritmo responsável pela organização da rede inicia o processo arbitrando pequenos valores aleatórios aos pesos sinápticos, para que nenhuma organização prévia seja imposta ao mapa. Em seguida, dar-se-ão os processos de competição, cooperação e adaptação sináptica, conforme descritos nas subseções a seguir.

6.2.1 Processo Competitivo

Imagine que um vetor de entrada, representado por

$$x = [x_1, x_2, ..., x_n]^T,$$

selecionado aleatoriamente dentre os demais exemplos de treinamento, é apresentado à rede sem que se especifique a saída desejada. Um neurônio y deverá responder melhor a esta entrada, ou seja, será o neurônio vencedor. O critério para a escolha do neurônio vencedor pode se basear em qualquer métrica que informe a distância entre o vetor de entrada e o vetor de pesos dos neurônios. É freqüente o uso da distância euclidiana. Assim, o neurônio que apresenta a menor distância euclidiana entre o vetor de entrada e o seu vetor de pesos é o vencedor. Considerando que o vetor:

$$w_i = [w_{i1}, w_{i2}, ..., w_{in}]^T,$$

represente os valores dos pesos sinápticos de um neurônio i no instante t e o vetor $x = [x_1, x_2, ..., x_n]^T$, represente um exemplo de treinamento apresentado à rede no mesmo instante t, a distância euclidiana entre w_i e x, será dada pela seguinte expressão:

$$d_i(t) = \sum_{j=1}^{N} (x_j(t) - w_{ij}(t))^2 \qquad (6.1)$$

REDES NEURAIS: Fundamentos e Aplicações com Programas em C

em que:

- $d_i(t)$ = distância euclidiana entre o vetor de pesos do neurônio i e o vetor de entrada, na iteração t;

- i = índice do neurônio;

- j = índice do nó de entrada;

- N = número de sinais de entrada (número de dimensões do vetor x);

- $x_j(t)$ = sinal de entrada no nó j na iteração t;

- $w_{ij}(t)$ = valor do peso sináptico entre o nó de entrada j e o neurônio i na iteração t.

6.2.2 O Processo Cooperativo

O neurônio vencedor indica o centro de uma vizinhança topológica de neurônios cooperativos. Estudos demonstram que a *interação lateral* entre um neurônio biológico estimulado e seus vizinhos topológicos decresce suavemente na medida em que a distância lateral aumenta. O neurônio artificial, por analogia, tem a mesma propriedade, ou seja, o parâmetro *vizinhança topológica* h_{ik}, que indica o grau de interação ou cooperação entre o neurônio i e seu vizinho k, é simétrico em relação ao neurônio vencedor k e decresce monotonamente com o aumento da distância lateral l_{ik} até que, no limite em que l_{ik} tende a infinito h_{ik} tende a zero. A função gaussiana apresentada na Equação (6.2) atende a estas condições, sendo comum o seu uso.

$$h_{ik} = e^{\left(-\frac{l_{ik}^2}{2\sigma^2}\right)} \tag{6.2}$$

O termo l_{ik}^2, no caso de uma grade bidimensional, é a distância euclidiana entre os neurônios i e k. O parâmetro σ é denominado de *largura efetiva* da vizinhança topológica e deve diminuir com o passar do tempo, o que implica em valores de h_{ik} menores ao longo do

A Rede de Kohonen

tempo, caracterizando uma vizinhança mais restrita e, portanto, mais especializada. O valor de σ é, normalmente, uma função exponencial com a seguinte forma:

$$\sigma(t) = \sigma_0 . e^{(-\frac{t}{\tau_1})} \tag{6.3}$$

em que σ_0 é o valor inicial de σ, t é o número de iterações e τ_1 é uma constante de tempo.

6.2.3 O Processo Adaptativo

Da mesma forma que as demais redes neurais, o aprendizado de um mapa auto-organizável, se dá pelo ajuste de seus pesos sinápticos.

Considerando-se um peso sináptico w_{ij} entre o nó de entrada j e o neurônio i, o ajuste Δw_{ij} que este deve sofrer, será regido pela Equação (6.4) a seguir:

$$\Delta w_{ij} = \eta(t).h_{ik}(t).(x_j - w_{ij}) \tag{6.4}$$

onde o termo $h_{ik}(t)$ é o parâmetro *vizinhança topológica* na iteração t, no qual o índice k se refere ao neurônio melhor classificado k.

O parâmetro *taxa de aprendizagem*, $\eta(t)$, geralmente é definido pela expressão:

$$\eta(t) = \eta_0 . e^{-\frac{t}{\tau_1}} \tag{6.5}$$

onde τ_1 é uma constante de tempo e η_0 é o valor inicial adotado, o qual deve ser maior que zero e menor que um.

É fácil constatar, ao observar a equação acima, que a taxa de aprendizagem decresce gradualmente ao longo do tempo. A finalidade é evitar que dados novos, apresentados após um longo treinamento, venham a comprometer seriamente o conhecimento que já está sedimentado. O mesmo ocorre com o cérebro humano: quanto mais idoso se torna, menor é a capacidade de aprender.

80 REDES NEURAIS: Fundamentos e Aplicações com Programas em C

Convém, também, observar que se não houvesse os parâmetros $\eta(t)$ e h_{ik}, não haveria possibilidade de aprendizado, ainda que, para o neurônio vencedor, uma vez que o ajuste aplicado faria com que os valores dos seus pesos sinápticos na iteração t, se igualassem aos valores das entradas na iteração $(t - 1)$ e assim sucessivamente.

6.3 ALGORITMO DE TREINAMENTO DA REDE DE KOHONEN

Dada uma rede de Kohonen, seguindo os passos descritos anteriormente, pode-se formular um algoritmo para treinar esta rede. Este algoritmo é descrito a seguir:

Algoritmo

1) Definir os pesos iniciais dos arcos aleatoriamente;
2) Definir os valores de $\sigma(0)$, τ_1, $\eta(0)$ e o valor do erro;
3) Inserir exemplo de treinamento;
4) Encontrar a distância euclideana para cada neurônio;
5) Encontrar o neurônio vencedor;
6) Para cada neurônio da rede fazer:
   a) Calcular a largura efetiva $\sigma(t)$;
   b) Calcular a distância lateral l^2;
   c) Calcular a vizinhança topológica h;
   d) Calcular a taxa de aprendizagem $\eta(t)$;
   e) Calcular os valores Δw para cada arco do neurônio e seu respectivo ajuste (novo valor de w);
7) Voltar ao passo 3 até que as distâncias euclideanas satisfaçam o erro definido.

Seguindo os passos deste algoritmo, treina-se uma rede de Kohonen, conforme citado anteriormente. Na próxima seção, um exemplo ilustrativo simplificado é apresentado, em que o leitor poderá seguir os passos deste algoritmo para melhor compreender.

6.4 UM EXEMPLO NUMÉRICO

A título de esclarecimento, será apresentada a primeira iteração do processo de treinamento de uma rede de Kohonen bidimensional, com três nós de entrada e seis neurônios dispostos conforme Figura 6.2.

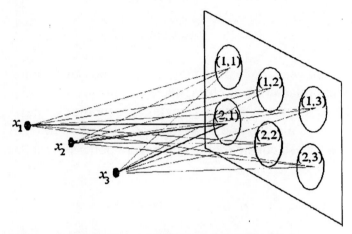

Figura 6.2: Rede de Kohonen bidimensional para treinamento.

Inicialmente, arbitram-se valores aleatórios aos pesos sinápticos, conforme apresentado a seguir:

Neurônio11: $w_1 = 2$; $w_2 = 2$; $w_3 = 1$;
Neurônio12: $w_1 = 3$; $w_2 = 2$; $w_3 = 2$;
Neurônio13: $w_1 = 2$; $w_2 = 1$; $w_3 = 1$;
Neurônio21: $w_1 = 1$; $w_2 = 2$; $w_3 = 3$;
Neurônio22: $w_1 = 2$; $w_2 = 0$; $w_3 = 1$;
Neurônio23: $w_1 = 1$; $w_2 = 2$; $w_3 = 0$.

Apresenta-se, então, o primeiro exemplo de treinamento:

$$x_1 = 0; x_2 = 3; x_3 = 5.$$

REDES NEURAIS: Fundamentos e Aplicações com Programas em C

A distância euclidiana deve ser calculada para cada neurônio:

$$d_{11} = (0 - 2)^2 + (3 - 2)^2 + (5 - 1)^2 = 21;$$
$$d_{12} = (0 - 3)^2 + (3 - 2)^2 + (5 - 2)^2 = 19;$$
$$d_{13} = (0 - 2)^2 + (3 - 1)^2 + (5 - 1)^2 = 24;$$
$$d_{21} = (0 - 1)^2 + (3 - 2)^2 + (5 - 3)^2 = 6;$$
$$d_{22} = (0 - 2)^2 + (3 - 0)^2 + (5 - 1)^2 = 29;$$
$$d_{23} = (0 - 1)^2 + (3 - 2)^2 + (5 - 0)^2 = 27.$$

O neurônio vencedor é o de índice 21, pois possui a menor distância euclidiana em relação às entradas, que é o valor 6.

O parâmetro largura efetiva da vizinhança topológica nesta primeira iteração ($t = 0$), considerando $\sigma_0 = 0,8$ e $\tau_1 = 10$ (este é um valor pequeno para τ_1, pois está se considerando que haverá poucas iterações), será:

$$\sigma(0) = 0,8.e^{-\frac{0}{10}} = 0,8.$$

A distância lateral entre o neurônio vencedor (21) e o neurônio (11) será:

$$l^2 = (2 - 1)^2 + (1 - 1)^2 = 1.$$

O parâmetro vizinhança topológica do neurônio vencedor (21) em relação ao neurônio (11) será:

$$h = e^{(-\frac{1}{2 \times 0,8^2})} = 0,46.$$

O parâmetro taxa de aprendizagem para a primeira iteração, considerando $\eta_0 = 0,8$, será:

$$\eta(0) = 0,8.e^{(-\frac{0}{10})} = 0,8.$$

A Rede de Kohonen

O ajuste para o peso w_1 do neurônio 11 será:

$$\Delta w_1 = 0,8.0,46.(0-2) = -0,74$$

O valor corrigido do peso w_1 será:

$$w_1 = 2 - 0,74 = 1,26.$$

Os valores corrigidos para os demais pesos do neurônio 11, serão:

$$w_2 = 2 + 0,37 = 2,37;$$
$$w_3 = 1 + 1,47 = 2,47.$$

Fazendo-se o ajuste do neurônio 12:

$$\sigma(0) = 0,8.e^{-\frac{0}{10}} = 0,8$$

$$l^2 = (2-1)^2 + (1-2)^2 = 2$$

$$h = e^{(-\frac{2}{2\times 0,8^2})} = 0,21$$

$$w_1 = 3 - 0,50 = 2,50;$$
$$w_2 = 2 + 0,17 = 2,17;$$
$$w_3 = 2 + 0,50 = 2,50.$$

O ajuste para o neurônio 13 será:

$$\eta(0) = 0,8.e^{(-\frac{0}{10})} = 0,8$$

$$w_1 = 2 - 0,03 = 1,97;$$
$$w_2 = 1 + 0,03 = 0,97;$$
$$w_3 = 1 + 0,06 = 1,06.$$

O ajuste para o neurônio 22 será:

$$\sigma(0) = 0,8.e^{-\frac{0}{10}} = 0,8;$$

$$l^2 = (2-2)^2 + (1-2)^2 = 1;$$

$$h = e^{(-\frac{1}{2\times0,8^2})} = 0,46;$$

$$\eta(0) = 0,8.e^{(-\frac{0}{10})} = 0,8;$$
$$w_1 = 2 - 0,74 = 1,26;$$
$$w_2 = 0 + 1,10 = 1,10;$$
$$w_3 = 1 + 1,47 = 2,47.$$

O ajuste para o neurônio 23 será:

$$\sigma(0) = 0,8.e^{-\frac{0}{10}} = 0,8;$$

$$l^2 = (2-2)^2 + (1-3)^2 = 4;$$

$$h = e^{(-\frac{4}{2\times0,8^2})} = 0,04;$$

$$\eta(0) = 0,8.e^{(-\frac{0}{10})} = 0,8;$$
$$w_1 = 1 - 0,04 = 0,96;$$
$$w_2 = 2 + 0,04 = 2,04;$$
$$w_3 = 0 + 0,18 = 0,18.$$

O ajuste para o neurônio vencedor, ou seja, neurônio 21, será:

$$\sigma(0) = 0,8.e^{-\frac{0}{10}} = 0,8;$$

$$l^2 = (2-2)^2 + (1-1)^2 = 0;$$

$$h = e^{(-\frac{0}{2\times0,8^2})} = 1,00;$$

$$\eta(0) = 0,8.e^{(-\frac{0}{10})} = 0,8;$$
$$w_1 = 1 - 0,80 = 0,20;$$
$$w_2 = 2 + 0,80 = 2,80;$$
$$w_3 = 3 + 1,60 = 4,60.$$

A Rede de Kohonen   **85**

Concluída a primeira iteração, o processo prossegue de forma similar para os demais sinais de entrada, até que sejam atingidas as condições de parada, ou seja, quando as distâncias euclidianas entre os vetores de peso dos neurônios vencedores e os respectivos vetores de sinais de entrada, forem aceitáveis.

Deve-se observar que esta rede, diferentemente das anteriormente estudadas, tem como saída a distância euclideana entre os vetores de peso dos neurônios vencedores e os respectivos vetores de sinais de entrada. Assim, os pesos finais desta rede determinam um padrão reconhecido, em que para um dado conjunto de entradas, um determinado neurônio se torna vencedor após o teste da distância euclideana, e conseqüentemente o mesmo determina o reconhecimento de uma classe de dados referente ao que é colocado na entrada. Exemplo típico é a entrada de dados de imagens para treinamento, em que após este, uma imagem pertencente a uma classe (por exemplo a imagem de uma pessoa) define que um determinado neurônio será sempre vencedor (ativado), enquanto uma outra imagem pertencente a uma outra classe (por exemplo a imagem de uma pedra), será identificada por um outro neurônio que se torna vencedor (ativado), e assim por diante.

Com a rede treinada, utilizam-se processadores de ordem superior para acessar as informações, codificadas nas zonas de máxima atividade relativa dentro do mapa, através de associações relativamente simples.

6.5 UM PROGRAMA EM C PARA O TREINAMENTO DA REDE DE KOHONEN

Nessa seção é apresentado um simples programa em C que realiza o treinamento de uma rede de Kohonen, segundo o procedimento algorítmico apresentado na Seção 6.3. Assim, o leitor pode executá-lo dando as entradas solicitadas de erro, $\sigma(0)$, τ_1 e $\eta(0)$, bem como os exemplos de treinamento. Daí, o programa utiliza o procedimento apresentado para treinar a rede a qual apresenta 4 entradas e 6 neurônios, apresentando os pesos finais e resultados em relação às entradas. O leitor poderá modificar o programa para quantas entradas e quantos neurônios desejar nos comandos do pré-processador (#define) do programa, nas constantes nentrada e nneuronio, que se apresentam com os valores 4 e 6, respectivamente, conforme citado. Também, o leitor poderá incluir mais exemplos, modificando o valor da constante nexemplos.

```c
#include <stdio.h>
#include <stdio.h>
#include <math.h>
#include <conio.h>
#include <stdlib.h>
#define nentrada 4
#define nneuronio 6 // para uma região retangular de 3 neurônios
                            em duas linhas
#define nexemplos 10
main(){
  float w[nentrada][nneuronio], errodes, tau, sigma0, sigma,
        eta, eta0;
  int x, y, cont2, contt, epocas, k, l, k1, l1;
  float entradas[nentrada][nexemplos], teste[nentrada][6],
        d[nneuronio], l2, h, deucl;
  clrscr();
  for(x = 0; x < nentrada; x++)
     for(y = 0; y < nneuronio; y++)
        w[y][x] = rand()%2 + .5;
  printf("Entre com o número de épocas de treinamento:\n");
  scanf("%d", &epocas);
  printf("Entre com os vetores de exemplos de treinamento de
          entrada:\n");
  for(x = 0; x < nentrada; x++)
     for(y = 0; y < nexemplos; y++)
        scanf("%f", &entradas[x][y]);

  printf("Entre com o valor da taxa de aprendizagem inicial:
          \n");
  scanf("%f", &eta0);

  printf("Entre com o erro desejado:\n");
  scanf("%f", &errodes);

  printf("Entre com a largura efetiva inicial: \n");
  scanf("%f", &sigma0);

  printf("Entre com a constante de tempo tau: \n");
  scanf("%f", &tau);

  clrscr();

  printf("Pesos iniciais:\n");
  for(y = 0; y < nentrada; y++){
```

A Rede de Kohonen

```
      for(x = 0; x < nneuronio; x++)
        printf("w[%d][%d] = %f\n", x, y, w[x][y]);
          }
printf("Iniciando processo iterativo...\n");
for(x = 0; x < epocas; x++){
    for(y = 0; y < nexemplos; y++){
      for(contt = 0; contt < nneuronio; contt++){
          d[contt] = 0;
          for(cont2 = 0; cont2 < nentrada; cont2++)
             d[contt] = d[contt] + (entradas[cont2][y] - w[
                     cont2][contt])*(entradas[cont2][y] -
                     w[cont2][contt]);
          }
      // calcula a menor distancia
      deucl = d[0];
      for(contt = 0; contt < nneuronio; contt++)
          if(deucl >= d[contt]) deucl = d[contt];
      //teste de parada
      if (deucl < errodes) break;
      for(contt = 0; contt < nneuronio; contt++)
            if(deucl == d[contt]) {
                    k = (contt + 1) % 3;
                    if (k == 0) k = 3;
                    l = 1 + contt / 3;
                    break;
                    }
      for(contt = 0; contt < nneuronio; contt++){
            // calcula a largura efetiva
            sigma = sigma0*exp(-(x*nexemplos + y)/tau);
            //calcula a distância lateral
            l2 = 0;
            k1 = (contt + 1) % 3;
            if (k1 == 0) k1 = 3;
            l1 = 1 + contt / 3;
            l2 = pow((k - k1), 2) + pow((l - l1), 2);
            //calcula a vizinhança topológica
            h = exp(-l2/(2*sigma*sigma));
            //calcula a taxa de aprendizagem
            eta = eta0*exp(-(x*nexemplos + y)/tau);
            //calcula o ajuste para o peso dos arcos do neurônio
            for(cont2 = 0; cont2 < nentrada; cont2++)
              w[cont2][contt] = w[cont2][contt] + eta*h*(entrad
                    as[cont2][y] - w[cont2][contt]);
            }
      }
      //teste de parada
      if (deucl < errodes){
```

```c
          printf("Finalizado pelo erro\n");
          break;
          }
      }
   printf("Finalizado!\nPesos finais:\n");
   for(contt = 0; contt < nentrada; contt++)
      for(cont2 = 0; cont2 < nneuronio; cont2++)
         printf("w[%d][%d] = %f\n", contt, cont2,
               w[contt][cont2]);

   printf("Testes de Entradas e Saídas\n");
   for(cont2 = 0; cont2 < 5; cont2++)
      for(contt = 0; contt < nentrada; contt++){
         if(cont2 < 3) teste[contt][cont2] =
               entradas[contt][cont2];
         if(cont2 == 3) teste[contt][cont2] = rand()%20;
         if(cont2 == 4){
               printf("Digite 1 entrada:");
               scanf("%f", &teste[contt][cont2]);
               }
         }
   for(x = 0; x < 5; x++){
      for(contt = 0; contt < nneuronio; contt++){
         d[contt] = 0;
         for(cont2 = 0; cont2 < nentrada; cont2++)
            d[contt] = d[contt] + (teste[cont2][x] - w
                  [cont2][contt])*(teste[cont2][x] -
                  w[cont2][contt]);
         printf("d = %f\n", d[contt]);
         }
      // calcula a menor distancia...
      deucl = d[0];
      for(contt = 0; contt < nneuronio; contt++)
         if(deucl >= d[contt]) deucl = d[contt];
               printf("deucl = %f\n", deucl);
      for(contt = 0; contt < nneuronio; contt++)
         if(deucl == d[contt]) {
               k = (contt + 1) % 3;
               if (k == 0) k = 3;
               l = 1 + contt / 3;
               break;
               }
      printf("Entradas:\n");
      for(y = 0; y < nentrada; y++)
         printf("%f\t", teste[y][x]);
         printf("\nNeurônio Ativado: %d (%d %d)\n", contt +
               1, l, k);
      }
   getche();
   }
```

A Rede de Kohonen

6.6 Exercícios

6.1 Qual o princípio de utilização da rede de Kohonen? Como é feito o teste de reconhecimento de um dado na mesma?

6.2 O que é um neurônio vencedor?

6.3 Descreva os processos cooperativo e adaptativo da rede de Kohonen.

6.4 Pretende-se fazer a verificação de um conjunto de números que sempre ocorrem em trios. Entre estes números, encontram-se números racionais, números inteiros e números naturais. Crie uma rede de Kohonen em que os neurônios sejam ativados a partir do conjunto numérico de entrada, de forma a se saber a qual conjunto pertence os números. Modifique o programa C da Seção 6.5 de forma a fazer a verificação do resultado.

6.5 Modifique o programa C da Seção 6.5 de forma a que os neurônios sejam ativados a partir de dois dados de entrada, definindo se os mesmos são resultados pertencentes à função $y = x + 1$ ou à função $y = 2x$.

6.6 Realize uma modificação no programa C da Seção 6.5 para gerar uma rede de Kohonen com 5 entradas e 9 saídas distribuídas em uma arquitetura quadrada (3 x 3), e entre com dados para treiná-la. Tente descobrir e descreva que padrões ela reconhece entre os valores de entrada.

7
EXTRAÇÃO DE CARACTERÍSTICAS

Para se trabalhar com as redes neurais, é necessário realizar um tratamento nos dados para avaliar quais os que apresentam relevância e não apresentam redundâncias. Neste caso, são necessárias aplicações de métodos que viabilizem reduzir o número de dados de forma a viabilizar a sua utilização no treinamento dessas redes. Isto é visto nesse capítulo.

7.1 Tratamentos dos Dados para o uso em RNAs

Existem duas principais abordagens para o tratamento dos dados antes de utilizá-los em uma RNA. O primeiro grupo de técnicas tem por objetivo refutar dados de pouca relevância. O segundo grupo de técnicas aplica uma transformação, linear ou não-linear, ao conjunto de dados com o objetivo de reduzir a dimensão destes dados. O resultado é um novo conjunto, cujos padrões possuem um menor número de características, porém com reduzida perda de informação em relação ao conjunto de dados original.

Para a compreensão destas técnicas, aqui são abordadas a análise de entropia, a análise da distância de Battacharyya e a análise de correlação como exemplos do primeiro grupo de técnicas. Como exemplos do

92 REDES NEURAIS: Fundamentos e Aplicações com Programas em C

segundo grupo de técnicas, serão abordados os momentos invariantes e a análise dos componentes principais (PCA). Estas medidas são especialmente indicadas nas aplicações de RNA *feedforward multilayer*, visto que o número de parâmetros livres, a serem ajustados, cresce na razão direta do número de entradas.

7.2 Análise de Entropia

A idéia da análise da entropia é eliminar algumas posições do vetor x de dados de entrada da RNA. O truncamento dos dados deve conservar ao máximo as informações capazes de caracterizar os padrões adequadamente. Sendo assim, o parâmetro sugerido para a rejeição de características de menor relevância é a entropia da informação, ou seja, coordenadas do vetor de dados com nível de entropia abaixo do limiar estabelecido pelo projetista devem ser eliminadas do conjunto de características salientes que compõem o vetor de características.

Caso as características sejam quantizadas em um número finito de níveis discretos, é possível associar cada característica a uma variável aleatória discreta que apresenta uma entropia que deve ser calculada.

Para calcular a entropia de uma variável aleatória discreta X, é necessário, inicialmente, calcular a quantidade de informação revelada após a ocorrência do evento $X=x_i$. Esta quantidade de informação está relacionada à raridade da ocorrência deste evento, ou seja, quão mais esperado é um evento, menos informação é obtida após a sua observação. Por outro lado, um evento raro é cercado de circunstâncias muito específicas e reveladoras.

Define-se a quantidade de informação adquirida após a observação do evento $X=x_i$ com probabilidade p_i como:

$$I(x_i) = \log(\frac{1}{p_i}) = -\log(p_i) \qquad (7.1)$$

A relação inversa com a probabilidade denota a noção de *raridade de ocorrência*. A escala é logarítmica. Assim, se $p_i=1$, $I(x_i)=0$, isto é, caso o evento seja 100% previsível, a sua ocorrência não revela nada.

Extração de Características

A entropia é o valor médio da quantidade de informação que uma variável aleatória X pode revelar, ou s   ι, o valor médio de I sobre os N possíveis valores x_i que X pode assumir é determinado pela Equação (7.2) a seguir:

$$H(X) = E[I(x_i)] = \sum_{i=1}^{N} -\log(p_i) \cdot p_i \qquad (7.2)$$

com $H(X)$ sendo a entropia da variável X.

7.3 ANÁLISE DA DISTÂNCIA DE BATTACHARYYA

A distância de Battacharyya (Ripley, 1996) é uma medida de afastamento entre duas distribuições de probabilidades, caracterizadas por suas respectivas funções de densidade de probabilidade. Assim, sejam $f(x_n|c_1)$ e $f(x_n|c_2)$ as densidades de probabilidade da característica $x_n \in R$, associada às classes c_1 e c_2 respectivamente. Define-se distância de Battacharyya entre as duas distribuições por:

$$B_n = \frac{1}{\log(\rho_n)} \qquad (7.3)$$

em que

$$\rho_n = \int_R \sqrt{f(x_n|c_1) \cdot f(x_n|c_2)} \cdot dx \qquad (7.4)$$

Observando a Figura 7.1 é possível concluir que, no caso ilustrado se encontra $\rho \cong 0$, implicando em um grande valor para distância B. Ao passo que na Figura 7.2 é ilustrado um caso em que ρ é maior, implicando em uma distância B menor.

O método de extração de características por meio da distância de Battacharyya consiste em selecionar as características que possuem a maior distância B entre as funções de densidade de probabilidade associadas às diferentes classes.

O emprego da distância de Battacharyya implica na determinação das funções de densidade de probabilidade associada de cada uma

94   REDES NEURAIS: Fundamentos e Aplicações com Programas em C

das coordenadas do vetor de características. Assim, caso haja n características e m classes, é necessário a determinação de um número $q=n \cdot m$ funções de densidade de probabilidades (*fdp*). É notório que este trabalho pressupõe que as características x_n do vetor de características x são incorrelatas, de onde resulta a simplificação:

$$P\{x = \mathcal{X}\} = P\{x_1 = \mathcal{X}_1\} \cdot P\{x_2 = \mathcal{X}_2\} \cdot \ldots \cdot P\{x_n = \mathcal{X}_n\}$$

A determinação de uma *fdp*, normalmente, parte da suposição de que a *fdp* pertence a uma família de funções, como por exemplo as funções gaussianas, definidas por um conjunto de parâmetros desconhecidos. O segundo passo é a estimação dos parâmetros das funções. O processo tem um elevado custo computacional e implica em um grande conjunto de amostras.

Uma alternativa é a discretização dos valores assumidos pelas características. Assim, a Equação (7.4) pode ser rescrita conforme a seguir:

$$\rho_n = \sum_{x \in \Omega} \sqrt{P\{x_n = \mathcal{X}|c_1\} \cdot P\{x_n = \mathcal{X}|c_2\}} \tag{7.5}$$

Para valores discretos, a geração de histogramas normalizados é suficiente para a determinação da distância de Battacharyya.

Extração de Características

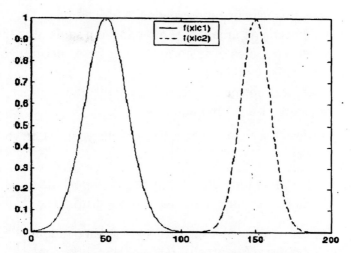

Figura 7.1: Funções de densidade de probabilidade de x associada às classes c_1 e c_2 com grande distância B.

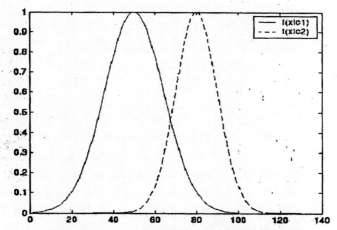

Figura 7.2: Funções de densidade de probabilidade de x associada às classes c_1 e c_2 com menor distância B.

7.4 Coeficiente de Correlação

O coeficiente de correlação mede o grau da correlação e a direção dessa correlação (i.e., positiva ou negativa) entre duas variáveis, baseado

96 REDES NEURAIS: Fundamentos e Aplicações com Programas em C

na qualidade de um ajuste linear dos dados. A idéia é avaliar a relevância de um dado de entrada de uma RNA, em relação a saida alvo, por meio da verificação do coeficiente de correlação entre as ocorrências desta entrada e as respectivas saídas alvo.

Este coeficiente, normalmente representado pela letra r, assume apenas valores entre -1 e 1, em que

- $r = 1$ significa uma correlação perfeita positiva entre as duas variáveis;

- $r = -1$ significa uma correlação negativa perfeita entre as duas variáveis (i.e. se uma aumenta, a outra diminui) e

- $r = 0$ significa que as duas variáveis não dependem linearmente uma da outra. No entanto, pode existir uma dependência não linear entre elas.

O Coeficiente de Correlação é calculado conforme a Equação (7.6).

$$r = \frac{\sum_{i=0}^{N-1}(x_i - \bar{x})(y_i - \bar{y})}{\sqrt{\sum_{i=0}^{N-1}(x_i - \bar{x})^2} \sqrt{\sum_{i=0}^{N-1}(y_i - \bar{y})^2}} \tag{7.6}$$

em que x_1, x_2, ..., x_n e y_1, y_2, ..., y_n são os valores medidos de ambas as variáveis, e $\bar{x}$ e $\bar{y}$ são os valores médios das variáveis aleatórias x e y.

Entretanto, esta análise é mais adequada para variáveis cuja correlação é oriunda de um modelo estático. No caso de relações oriundas de modelos dinâmicos, a exemplo de aplicações de RNAs em predição de séries temporais, nos quais pode existir um atraso na resposta, a ferramenta mais adequada é a Função de Correlação Cruzada (FCC) (Aguirre, 2004).

A FCC é calculada por meio de deslocamentos ou atrasos (*shift* ou *lag*) sucessivos na série temporal da variável de entrada. Para cada valor de *lag* é calculado o Coeficiente de Correlação, conforme Equação (7.6).

Se o extremante da FCC ocorre com *lag* positivo, a amostra corrente da série da variável de entrada tem relação com uma amostra do passado

Extração de Características 97

da série da variável de saída, ou seja alterações na variável de saída são conseqüências das alterações na variável de entrada.

Se o extremante da FCC ocorre com *lag* nulo, então o modelo é estático. Quando o extremante da FCC ocorre com *lag* negativo existe uma evidência de que alterações no presente da variável de saída afetarão o futuro da variável de entrada.

7.5 MOMENTOS INVARIANTES

As aplicações que envolvem reconhecimento de padrões de imagem tratam com matrizes de *pixels* de elevada dimensão. Neste caso, é necessária a extração de um número aceitável de características paro o uso em RNAs classificadoras. Tais características devem conter informação suficiente para viabilizar o reconhecimento do padrão de imagem. Dentre outros algoritmos de extração de características de imagem é possível citar a técnica dos Momentos Invariantes. Tais medidas (i.e. momentos) são invariantes à escala, translação e rotação da imagem.

O algoritmo que implementa esta técnica recebe uma matriz de *pixels*, aplica transformações não lineares à matriz e devolve um vetor de características com sete posições, ou seja, sete momentos invariantes. Este vetor pode ser empregado como entrada de uma RNA.

Um momento de ordem $(p+q)$ de uma função discreta $f(x,y)$ é definido pela Equação (7.7). Aqui se entende como função discreta $f(x,y)$ a matriz de *pixels* que retorna um valor entre 0 e 255 para cada posição (x, y).

$$m_{pq} = \sum_{x,y} x^p y^q f(x, y) \tag{7.7}$$

Note que a massa total da função é determinada pelo momento m_{00}, conforme Equação (7.8). A função pode ser normalizada de forma a apresentar a massa unitária.

$$m_{00} = \sum_{x,y} f(x,y) \tag{7.8}$$

REDES NEURAIS: Fundamentos e Aplicações com Programas em C

Existe um ponto no qual a aplicação pontual da massa total gera o mesmo momento de primeira ordem que a massa distribuída. Este ponto é dito centróide de $f(x,y)$. As coordenadas do centróide podem ser calculadas pela aplicação da Equação (7.9) apresentada a seguir.

$$\bar{x} = \frac{1}{m_{00}} \sum xf(x,y) = \frac{m_{10}}{m_{00}}$$

$$\bar{y} = \frac{1}{m_{00}} \sum yf(x,y) = \frac{m_{10}}{m_{00}}$$

(7.9)

O momento central é obtido deslocando a origem para o centróide da função, de acordo com a Equação (7.10).

$$\mu_{pq} = \sum_{x,y}(x-\bar{x})^p(y-\bar{y})^p f(x,y)$$

(7.10)

O momento central normalizado de ordem $(p+q)$, η_{pq}, é obtido dividindo-se o momento central de mesma ordem por um fator de normalização definido por μ_{00}^{γ}, sendo uma função de p, q e do momento μ_{00}, conforme apresentado na Equação (7.11) a seguir.

$$\gamma = 1 + \frac{p+q}{2}$$

$$\eta_{pq} = \frac{\mu_{pq}}{\mu_{00}^{\gamma}}$$

(7.11)

Um conjunto de sete momentos invariantes à translação, rotação e escala pode ser definido por meio da combinação de momentos centrais normalizados (Hu,1962):

$$\phi_1 = \eta_{20} + \eta_{02}$$
$$\phi_2 = (\eta_{20} - \eta_{02})^2 + 4\eta_{11}^2$$
$$\phi_3 = (\eta_{30} - 3\eta_{12})^2 + (3\eta_{21} - \eta_{03})^2$$
$$\phi_4 = (\eta_{30} + \eta_{12})^2 + (3\eta_{21} + \eta_{03})^2$$
$$\phi_5 = (\eta_{30} - 3\eta_{12})(\eta_{30} + \eta_{12})[(\eta_{30} + \eta_{12})^2 - 3(\eta_{21} + \eta_{03})^2] +$$
$$+ (3\eta_{21} - \eta_{03})(\eta_{21} + \eta_{03})[3(\eta_{30} + \eta_{12})^2 - (\eta_{21} + \eta_{03})^2] \quad (7.12)$$
$$\phi_6 = (\eta_{20} - \eta_{02})[(\eta_{30} + \eta_{12})^2 - (\eta_{21} + \eta_{03})^2] +$$
$$+ 4\eta_{11}(\eta_{30} + \eta_{12})(\eta_{21} + \eta_{03})]$$
$$\phi_7 = (3\eta_{21} - \eta_{30})(\eta_{30} + \eta_{12})[(\eta_{30} + \eta_{12})^2 - 3(\eta_{21} + \eta_{03})^2] +$$
$$+ (3\eta_{12} - \eta_{30})(\eta_{21} + \eta_{03})[3(\eta_{30} + \eta_{12})^2 - (\eta_{21} + \eta_{03})^2].$$

Na Figura 7.3 é ilustrado um experimento com um conjunto de ferramentas em poses distintas, enquanto que na Figura 7.4 é ilustrado um espaço de características bidimensional cujos eixos são os momentos invariantes ϕ_1 e ϕ_2.

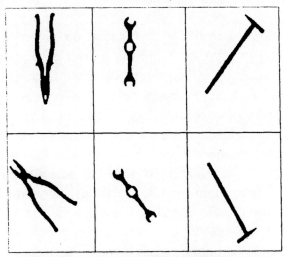

Figura 7.3: Conjunto de Ferramentas em diferentes poses.

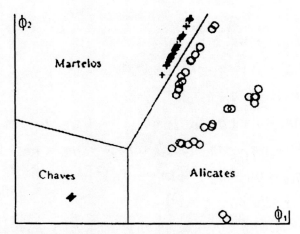

Figura 7.4: *Espaço de características formado pelos momentos* ϕ_1 *e* ϕ_2.

Note que, empregando apenas estas duas características, é possível separar os padrões empregando fronteiras de decisão lineares. Ou seja, mesmo um classificador de padrões baseado em uma RNA Perceptron é capaz de classificar a imagem de uma ferramenta.

7.6 Análise dos Componentes Principais

O método PCA permite a eliminação da covariância entre as coordenadas de um vetor de variáveis aleatórias por meio de uma mudança de base. A covariância implica em informação redundante e desnecessária. A base formada pelos autovetores da matriz de covariância permite a diagonalização da matriz de covariância, ou seja, a eliminação da covariância entre as coordenadas do vetor de entrada.

Na nova base, um menor número de coordenadas é suficiente para conter grande parte da informação. O vetor na nova base apresenta algumas coordenadas com grande variância enquanto outras têm variâncias próximas de zero. Uma variável aleatória com baixa variância não revela muita informação. Como exemplo, podemos citar a busca por um determinado táxi em Londres de posse da informação de que o táxi procurado é preto. Em Londres todos os táxis são pretos (i.e. não há

Extração de Características

variância nesta informação) logo a cor não é uma boa informação para encontrar um táxi em particular.

Na Figura 7.5 é possível perceber que a mudança para a base P elimina a covariância, acresce a variância da coordenada x_1 e diminui a variância de x_2:

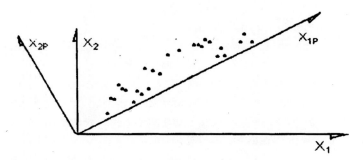

Figura 7.5: Efeito da mudança de base sobre a correlação.

Para aplicação do método PCA, o primeiro passo é o cálculo da matriz de covariância C. Em uma abordagem discreta, cada elemento desta matriz representa a covariância $s^2(x_i, x_j)$ entre duas coordenadas do vetor x:

$$s^2(x_i, x_j) = \sum_{n=1}^{N} x_i[n] x_j[n] - \frac{\sum_{n=1}^{N} x_i[n] \sum_{n=1}^{N} x_j[n]}{N} \quad (7.13)$$

em que x_i e x_j são coordenadas do vetor x, e N é o número de exemplos apresentados.

O segundo passo é a determinação dos autovetores v_n de C. Os autovetores formam as colunas de uma matriz de autovetores P:

$$P = \{v_1, v_2, ..., v_n\} \quad (7.14)$$

A matriz P é empregada para mudar a base de C obtendo uma matriz diagonal D de autovalores de C:

$$CP = PD \rightarrow P^{-1}CP = D \quad (7.15)$$

REDES NEURAIS: Fundamentos e Aplicações com Programas em C

Note que a matriz D (i.e., C na base nova) não apresenta covariância. Esta matriz diagonal tem só variância $s^2(x_i, x_i)$. A matriz de D é a matriz de covariância do vetor x na base P:

$$C = f(x) \rightarrow D = P^{-1}CP = f(P^{-1}x) \tag{7.16}$$

Conclui-se por este fato que o vetor x na base P não tem nenhuma covariância entre suas coordenadas. Em outras palavras, este vetor na base P não tem nenhuma informação redundante.

Por fim, é possível truncar o vetor x na base P, eliminando as coordenadas que possuem baixa variância (i.e. coordenadas cujo autovalor da matriz de covariância é pequeno). Assim, o algoritmo pode receber um vetor com elevada dimensão, aplicar uma transformação linear aos dados, truncar e retornar um vetor de menor dimensão. Este vetor pode ser empregado em RNAs.

7.7 Exercícios

7.1 Explique e mostre como se calcula a entropia de uma variável x. Apresente exemplos para ilustrar.

7.2 Apresente exemplos de entradas de dados para uma RNA e calcule a distância de Battacharya dos mesmos.

7.3 Para os exemplos gerados no Exercício 7.2, calcule o coeficiente de correlação e os momentos invariantes.

7.4 Desenvolva a partir das informações contidas nesse capítulo, um algoritmo para gerar a redução da dimensão dos dados de entrada para o treinamento de uma RNA.

7.5 Utilizando o algoritmo desenvolvido no Exercício 7.4, desenvolva um programa que possa ler arquivos de imagens JPG (imagens JPG são formadas por matrizes numéricas em que cada elemento dá a informação de cada *pixel* da mesma) e reduzi-los ao máximo

Extração de Características

possível de forma a ser utilizado no treinamento de uma rede neural. Utilize os resultados para realizar o treinamento de uma rede (que o leitor pode escolher entre as estudadas nesse livro) para reconhecer imagens por meio dos programas dos capítulos anteriores.

8
EXEMPLOS DE APLICAÇÕES

Dentre as várias aplicações das redes neurais artificiais, muitas se encontram aplicadas à engenharia no controle de processos e reconhecimento de padrões. Neste capítulo são descritas duas aplicações de RNAs oriundas de trabalhos de pesquisa. A primeira aplicação diz respeito à engenharia elétrica, enquanto a segunda trata de engenharia de petróleo.

8.1 DETECÇÃO DE FALHAS EM MOTORES DE INDUÇÃO

Esta primeira aplicação emprega uma técnica baseada na medição do conteúdo de freqüência dos sinais de corrente estatóricas de um motor de indução para detectar falhas em sua operação. Esta técnica é conhecida como *Motor Current Signature Analysis*. Tal técnica permite a identificação de harmônicas previsíveis na corrente rotórica que também estão presentes nas correntes estatóricas. Isso permite uma avaliação não invasiva dos harmônicos, que é uma vantagem dessa técnica comparativamente às outras.

A idéia é empregar a Função de Densidade de Potência Espectral (DPE) de sinais de corrente (Penman e Jiang,1996) para diagnosticar falhas na operação de motores de indução. Neste trabalho os autores focaram a diagnose de problemas de excentricidade, problemas de barras quebradas e problemas com o rolamento.

Nas Figuras 8.1 e 8.2 são ilustrados os gráficos de DPE de sinais de corrente gerados por um motor com 33% das barras quebradas e outro com pequena excentricidade, respectivamente. Note que, devido ao ruído, é difícil perceber o efeito da excentricidade que ocorre nas amostras 10 e 85 do gráfico de DPE. O mesmo ocorre quando o número de barras quebradas é pequeno. Nestes gráficos a amostra de número 1000 corresponde à freqüência máxima de 1.500Hz.

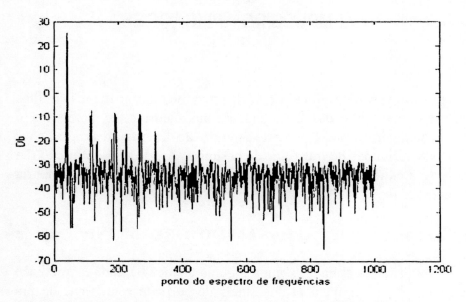

Figura 8.1: Gráfico 1 de Densidade de Potência Espectral gerado pelo motor.

Exemplos de Aplicações

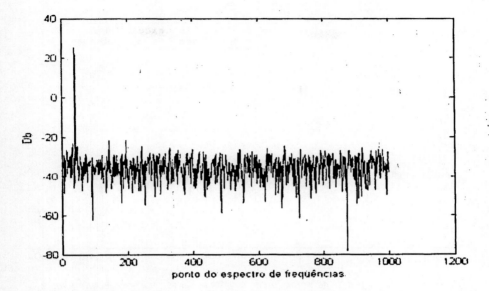

Figura 8.2: Gráfico 2 de Densidade de Potência Espectral gerado pelo motor.

Na Figura 8.3 é ilustrado o coeficiente de correlação entre os pontos do espectro de freqüências da função de DPE em relação ao grau de excentricidade e ao percentual de barras quebradas. Nesta simulação foram gerados exemplos com diferentes número de pólos, escorregamento e número de esferas do rolamento.

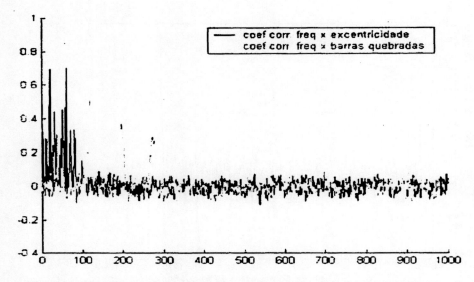

Figura 8.3: Coeficiente de correlação entre o ponto do espectro de freqüências e o grau de excentricidade e entre o ponto do espectro de freqüências e o percentual de barras quebradas.

Observando a Figura 8.3 é possível perceber que as amostras nos intervalos [10, 33] e [45, 85] são relevantes para caracterização de problemas com a excentricidade, por outro lado, as amostras nos intervalos [110, 125], [185, 204] e [264, 282] são relevantes para caracterização de problemas com barras quebradas.

Problemas com o rolamento revelam seus efeitos no intervalo [199, 1000] do gráfico de Densidade de Potência Espectral. Os problemas com o rolamento e os problemas com barras quebradas têm efeito sobre alguns componentes de freqüência em comum. Tal fato dificulta o trabalho do classificador de padrões de falha.

Este trabalho emprega o método de extração de características Análise dos Componentes Principais (PCA).

O método PCA permite a eliminação da covariância entre as coordenadas de um vetor de variáveis aleatórias por meio de uma mudança de base. A base formada pelos autovetores da matriz de covariância permite a diagonalização desta matriz. Ou seja, a eliminação da covariância entre as coordenadas do vetor de entrada. No Capítulo 7 esse método é explicado.

Para facilitar a visualização, este trabalho aplica PCA sobre o vetor formado pelas amostras da função de DPE nos intervalos [10, 33] e [45, 85] e emprega apenas os 3 componentes de maior variância para compor o gráfico de Figura 8.4, no qual são representados, no espaço formado pelas 3 principais características, 1.000 amostras sintetizadas por meio do simulador para motores com problemas de excentricidade, de barras quebradas e de rolamento. Os pontos em preto representam a ocorrência de excentricidade e os pontos em cinza representam ocorrências sem problemas de excentricidade.

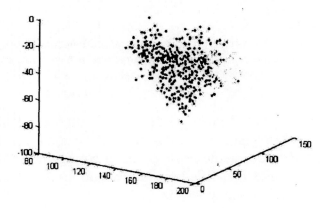

Figura 8.4: Espaço de características formado pelos 3 componentes principais representando em preto a ocorrência de excentricidade e em cinza ausência de problemas de excentricidade.

É disponibilizado um total de 1.000 padrões de motores com problemas de excentricidade, de barras quebradas e de rolamento. A Figura 8.5 é o resultado da aplicação de PCA sobre o vetor formado pelas amostras da função de DPE nos intervalos [110, 125], [185, 204] e [264, 282] e a representação do espaço formado pelas 3 principais características (i.e., as de maior variância). Os pontos em preto representam a ocorrência de barras quebradas e os pontos em cinza representam ocorrências sem problemas de barras quebradas.

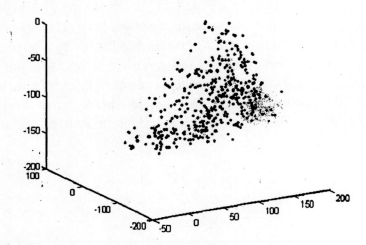

Figura 8.5: Espaço de características formado pelos 3 componentes principais representando em preto a ocorrência de barras quebradas e em cinza ausência de problemas de barras quebradas.

Note que, devido à presença de ruído, à influência de diferentes falhas sobre os mesmos componentes de freqüência e à ocorrência de padrões com diferentes números de pólos, escorregamento e número de esferas por rolamento, é difícil separar os padrões em um espaço de características de apenas 3 dimensões.

Na Figura 8.6 é apresentada uma representação em escala de cinza da matriz de covariância das amostras da função de DPE nos intervalos [10, 33] e [45, 85] antes e após a aplicação de PCA. O preto representa pequena variância e o cinza escuro representa alta variância. Notar que antes da aplicação do PCA os dados apresentam pouca variância e alguma correlação (pontos em cinza claro e branco fora da diagonal principal)

Exemplos de Aplicações

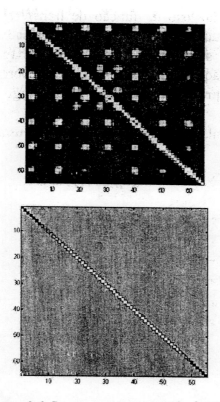

Figura 8.6: *Representação em escala de cinza da matriz de covariância antes e após a aplicação de PCA.*

Para a tarefa de classificação dos padrões de operação são testados classificadores neurais.

As RNAs *feedfoward multi-layer* são classificadores eficientes, por serem capazes de produzir superfícies complexas para fronteiras de decisão.

Usualmente, para um problema de classificação de m classes, é utilizada uma RNA com m neurônios na camada de saída. A rede é treinada com valores alvos binários, ou seja, o vetor de saída alvo tem todas as suas coordenadas nulas, exceto aquela que indexa a classe a qual o dado de entrada pertence cujo valor deve ser unitário.

Este trabalho faz uso da função de transferência sigmóide nos neurônios das camadas ocultas e lineares na camada de saída. A regra de decisão para a saída apropriada é a regra bayesiana, ou seja, a classe adequada é aquela indexada pela maior coordenada do vetor de saída. Assume-se precisão aritmética infinita, logo, empates não são possíveis.

Uma rede neural, conforme descrita acima é ilustrada na Figura 8.7.

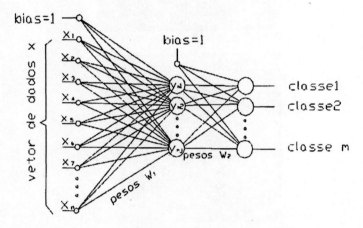

Figura 8.7: *Grafo de fluxo de uma RNA para RP.*

Conforme tratado nos capítulos anteriores, o treinamento desta RNA pode ser associado a um problema de otimização numérica, onde, usualmente, a função objetivo a ser minimizada a cada iteração é o Erro Médio Quadrático (EMQ). Esse escalar é calculado conforme descrito na Equação (8.1).

$$E^2 = \frac{1}{N}\sum_{n=0}^{N-1}(y_d[n]-y[n])^T(y_d[n]-y[n]) \quad (8.1)$$

em que $y[n]$ é o vetor de saída da rede, $y_d[n]$ é o vetor de saída alvo (i.e., saída desejada) para o exemplo n, e N é o número total de exemplos de treinamento.

Exemplos de Aplicações

113

Neste estudo, em particular, a otimização dos parâmetros livres da RNA é efetuada pelo método de Levenberg-Marquardt, devido à maior eficiência deste algoritmo em comparação com o *backpropagation*. Este último também poderia ser empregado. O método de Levenberg-Marquardt não foi abordado nos Capítulos anteriores, entretanto, faremos uma breve descrição deste método a seguir.

As iterações do método Levenberg-Marquardt são regidas pela Equação (8.2).

$$w[i+1] = w[i] + \Delta w \tag{8.2}$$

na qual w é o vetor de parâmetros da RNA; i é a iteração; $\Delta w = \left(J^T J\right)^{-1} J(y_d - y)$, y_d é a saída alvo, y é a saída estimada pela RNA e J é a matriz Jacobiana dada por:

$$J = \begin{bmatrix} \dfrac{\partial y}{\partial w_1}\Big|_{n=0} & \dfrac{\partial y}{\partial w_2}\Big|_{n=0} & \cdots & \dfrac{\partial y}{\partial w_K}\Big|_{n=0} \\ \dfrac{\partial y}{\partial w_1}\Big|_{n=1} & \dfrac{\partial y}{\partial w_2}\Big|_{n=1} & \cdots & \dfrac{\partial y}{\partial w_K}\Big|_{n=1} \\ \vdots & \vdots & \ddots & \vdots \\ \dfrac{\partial y}{\partial w_1}\Big|_{n=N} & \dfrac{\partial y}{\partial w_2}\Big|_{n=N} & \cdots & \dfrac{\partial y}{\partial w_K}\Big|_{n=N} \end{bmatrix} \tag{8.3}$$

Em uma primeira etapa, este trabalho avalia diferentes arquiteturas de RNAs *MLP* que recebem como sinal de entrada um vetor formado pelos 20 componentes principais resultantes da aplicação de PCA sobre as amostras da função de DPE do sinal de corrente do motor nos intervalos [10, 33], [45, 85], [110, 125], [185, 204] e [264, 1.000]. Ou seja, os intervalos cujas amostras apresentam maior coeficiente de correlação com os problemas de excentricidade, problemas de barras quebradas e problemas com rolamento .

A arquitetura 20x3x3 (i.e., com 3 neurônios na camada oculta) apresenta EMQ=0,069 ao final de 100 épocas de treinamento.

Apresentando à RNA 20x3x3 os 1.000 padrões empregados na fase de treinamento a rede apresenta 88,00% de acerto para problemas com excentricidade; 93,80% de acerto para problemas com barras quebradas e 87,20% de acerto para problemas com rolamento.

Apresentando à mesma RNA 1.000 padrões não empregados no treinamento a rede apresenta 83,80% de acerto para problemas com excentricidade; 91,10% de acerto para problemas com barras quebradas e 82,40% de acerto para problemas com rolamento.

A arquitetura 20x5x3 (i.e. 5 neurônios ocultos) apresenta EMQ=0,067 ao final de 100 épocas de treinamento.

Apresentando à RNA 20x5x3 os 1.000 padrões empregados na fase de treinamento a rede apresenta 87,90% de acerto para problemas com excentricidade; 94,40% de acerto para problemas com barras quebradas e 88,50% de acerto para problemas com rolamento.

Apresentando à RNA 1.000 padrões não empregados no treinamento a rede apresenta 82,60% de acerto para problemas com excentricidade; 93,00% de acerto para problemas com barras quebradas e 81,70% de acerto para problemas com rolamento.

Nesta fase do experimento, foram repetidos os testes empregando os 40 componentes principais. A arquitetura 40x3x3 apresenta EMQ=0,059 ao final de 100 épocas de treinamento.

Apresentando à RNA 40x3x3 os 1.000 padrões empregados na fase de treinamento a rede apresenta 88,30% de acerto para problemas com excentricidade; 96,30% de acerto para problemas com barras quebradas e 87,70% de acerto para problemas com rolamento.

Apresentando à RNA 1.000 padrões não empregados no treinamento a rede apresenta 82,80% de acerto para problemas com excentricidade; 92,10% de acerto para problemas com barras quebradas e 82,80% de acerto para problemas com rolamento.

A arquitetura 40x5x3 apresenta EMQ=0,067 ao final de 100 épocas de treinamento.

Apresentando à RNA 20x5x3 os 1.000 padrões empregados na fase de treinamento a rede apresenta 87,20% de acerto para problemas com excentricidade; 96,50% de acerto para problemas com barras quebradas e 88,70% de acerto para problemas com rolamento.

Exemplos de Aplicações

115

Apresentando à RNA 1.000 padrões não empregados no treinamento a rede apresenta 84,10% de acerto para problemas com excentricidade; 89,10% de acerto para problemas com barras quebradas e 83,40% de acerto para problemas com rolamento.

8.2 PREDIÇÃO DE SÉRIES TEMPORAIS

Este segundo trabalho tem como objetivo a implementação de um algoritmo para previsão de produção de óleo em poços de extração. Os autores não têm autorização para divulgar detalhes do experimento. Assim, adotaremos letras para identificar as variáveis estudadas e evitaremos empregar unidades de medida.

O trabalho emprega informação de variáveis correlatas à vazão de óleo em um modelo neural com dinâmica externa para prever a produção de óleo 30 dias à frente.

Em uma primeira análise é considerado o coeficiente de correlação entre a vazão de óleo e as demais variáveis para verificar a relevância das variáveis disponíveis para o modelo neural.

Nos testes com os dados coletados o Coeficiente de Correlação entre a variável a e a vazão de óleo é -0,6460, entre a variável b e a vazão de óleo é -0,6571, entre a variável c e a vazão de óleo é 0,2796 e entre a variável d e a vazão de óleo é -0,8623.

A próxima análise emprega a Função de Correlação Cruzada. Os resultados desta segunda análise são ilustrados nas Figuras 8.8 a 8.11 a seguir:

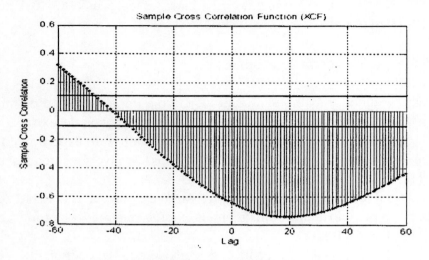

Figura 8.8: Função de correlação cruzada entre as séries temporais da variável a e da vazão de óleo.

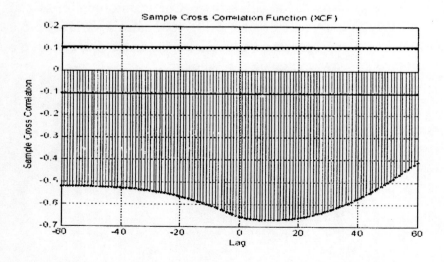

Figura 8.9: Função de correlação cruzada entre as séries temporais da variável b e da vazão de óleo.

Exemplos de Aplicações

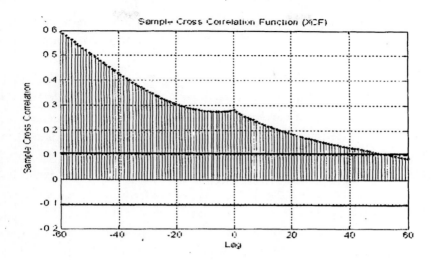

*Figura 8.10: Função de correlação cruzada
entre as séries temporais da variável c e da vazão de óleo.*

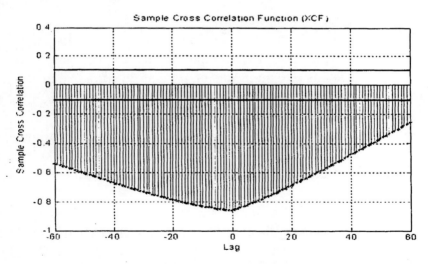

*Figura 8.11: Função de correlação cruzada
entre as séries temporais da variável d e da vazão de óleo.*

Conforme colocado no Capítulo 7, se o extremante da FCC ocorre com *lag* positivo, a amostra corrente da série vazão de óleo tem relação com uma amostra do passado da outra série, ou seja, a variável vazão

118   REDES NEURAIS: Fundamentos e Aplicações com Programas em C

de óleo pode ser entendida como a saída de um modelo dinâmico causal cujas entradas são outras variáveis, a exemplo do que ocorre aqui com as variáveis *a* e *b*.

Se o extremante da FCC ocorre com *lag* nulo, então o modelo é estático, a exemplo do que ocorre com a variável nível estático (a Figura 8.11 indica que quando a variável *d* é baixa, a vazão de óleo é alta).

Quando o extremante da FCC ocorre com *lag* negativo existe uma evidência de que a vazão de óleo no presente afetará o futuro da outra variável, como é o caso da variável *c*. Ou seja, quando o óleo é extraído, ocorre a alteração da variável *c* com determinado atraso, devido à dinâmica do sistema.

A análise de FCC das variáveis indica a importância das variáveis *a*, *b* e *d* para a previsão da vazão de óleo. Fica evidente que a variável *c* não ajuda na previsão da vazão de óleo.

Pretende-se determinar a vazão de óleo 30 dias adiante no tempo, visto que para *lags* maiores que 30 dias a FCC apresenta valores muito pequenos de correlação (em módulo).

Um primeiro experimento testa a eficiência de um modelo dinâmico não linear aplicando RNA. Neste experimento não são empregadas amostras das variáveis *a*, *b* ou *d*. Assim, o vetor de entrada é um vetor regressor composto de amostras do sinal de vazão de óleo com 30, 60 e 90 dias antes da amostra de vazão a ser estimada.

Em ambos os experimentos, são reservadas as 275 primeiras amostras de cada variável para o treinamento das RNAs e as 90 últimas amostras para teste, totalizando 365 amostras, correspondentes a um ano de leitura.

Neste trabalho são empregadas RNAs *Feedfoward Multilayer* com uma única camada oculta com função de transferência sigmóide e neurônio de saída linear. O método de treinamento empregado hibridiza Algoritmos Genéticos com métodos baseados no vetor gradiente. A arquitetura que apresenta melhor desempenho com os dados de teste é 3x10x1 (i.e. dez neurônios ocultos). Na Figura 8.12 é ilustrado o esquema do identificador neural adotado.

Exemplos de Aplicações

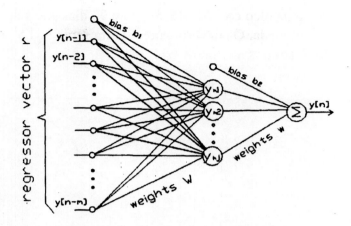

Figura 8.12: RNA identificador com dinâmica externa.

O treinamento da RNA emprega o método de Levenberg-Maquardt ao longo de 250 épocas de treinamento. Na Figura 8.13 encontra-se a previsão especificada para o caso, enquanto na Figura 8.14 se encontram os resultados obtidos.

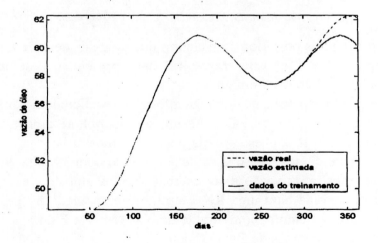

Figura 8.13: Previsão de vazão com modelo neural de 3ª ordem.

No intuito de melhorar a qualidade da predição um modelo neural de 5ª ordem foi testado, cujo vetor regressor é composto de amostras do sinal de vazão de óleo com 30, 45, 60, 75 e 90 dias antes da amostra de vazão a ser estimada. Os experimentos foram repetidos 5 vezes. Os resultados são ilustrados na Figura 8.14.

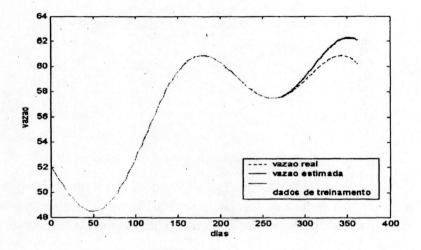

Figura 8.14: Resultados de 5 experimentos para previsão de vazão com modelo neural de 7ª ordem.

Experimentos posteriores revelaram que modelos de ordem maior (i.e. com 6, 7 e 8 amostras regressas) não apresentam desempenho superior ao modelo de 5ª ordem.

O segundo experimento emprega informações adicionais, conforme sugerido pela análise da FCC. Assim, consideram-se amostras das variáveis *a*, *b* e *d*, ambas 30 dias antes da amostra de vazão a ser estimada, bem como, amostras da vazão de óleo com 30, 60 e 90 dias antes da amostra de vazão a ser estimada. Estas amostras compõem o vetor de entrada para uma RNA similar à empregada no primeiro experimento, entretanto, com arquitetura 6x10x1. Na Figura 8.15 são ilustrados os resultados de 5 experimentos.

8.3 Descreva a utilização dos fundamentos vistos no Capítulo 7 na solução dos exemplos deste capítulo.

8.4 O que entende por FCC? Descreva sua utilização no exemplo da Seção 8.2.

8.5 Qual a mínima quantidade de dados de treinamento para os casos tratados neste capítulo? Por que?

8.6 Descrever como solucionar os exemplos deste capítulo utilizando outras redes neurais.

8.7 Explique o método Levenberg-Marquardt e dê exemplos de utilização do mesmo.

BIBLIOGRAFIA

Araribóia, G. Inteligência Artificial: um curso prático. Rio de Janeiro, Livros Técnicos e Científicos Editora Ltda., 1988.

B. Ripley, Pattern Recognition and Neural Networks, Cambridge University Press, 1996.

Del Nero, H.S. O Sítio da Mente: pensamento, emoção e vontade no cérebro humano, São Paulo, Collegium Cognitio, 1997.

Grossberg, S. Nonlinear Neural Networks: Principles, mechanisms and architectures, Neural Networks, vol.1, pp.17-61.

Haykin, S. Redes Neurais: princípios e prática. Porto Alegre, Bookman, 2001.

Hornik, K., Stinchcombe, M., and White, H.. Universal approximation of an unknown mapping and its derivatives using multilayer feedforward networks. *Neural Networks*, 3: pp.551–560, 1990.

Nolt, J. and Rohatyn, D. Lógica. São Paulo, McGraw-Hill, 1991.

Kohonen, Tuevo. Self-Organization and Associative Memory. Berlin, Springer-Verlag, 1989.

Ludwig, O. J., Castro Lima, A. C., Schnitman, L., Souza J. A. M. F.; "Supervised Methods for Feature Extraction ", 6th Portuguese Conference on Automatic Control, Faro, Portugal, 2004.

Ludwig, O. J., Castro Lima, A. C., Schnitman, L., Souza J. A. M. F.; "Entropy Analisys Applied to NFIR Models", American Control Conference – ACC'2005, pp. 1357-1358, Portland, USA, 2005.

Aguirre, L. A. Introdução à Identificação de Sistemas: Técnicas lineares e não-lineares aplicadas a sistemas reais, Editora UFMG, Minas Gerais, 2004.

Tafner, M. A., Xerez, M. e Filho, I.W.R. Redes Neurais Artificiais: introdução e princípios de neurocomputação. Blumenau, EKO, 1995.

Minsky, M. L. e Papert, S.A. Perceptrons. Cambridge, MA: MIT Press, 1988.

Nguyen, D. e Widrow, B., Improving the Learning Speed of 2-Layer Neural Networks by Choosing Initial Values of the Adaptatives Weights, Stanford University, Standford, CA, 1990.

Penman, J.; Jiang, H.; The detection of stator and rotor winding short circuits in synchronous generators by analysing excitation current harmonics, Opportunities and Advances in International Electric Power Generation, International Conference on Conf. Publ. No. 419, (1996) 137-142.

Rich, E. Inteligência Artificial. São Paulo, McGraw-Hill, 1988.

Rosenblatt, F. Principles of Neurodynamics. Washington, Spartan Books, 1962.

Rumelhart, D.E. and McClelland, J.L. Parallel Distributed Processing: Explorations in the Microstructure of Cognition, Cambridge, MIT Press, 1986.

Stephen H. O Universo numa Casca de Noz. São Paulo, Editora Mandarim, 2001.

Bibliografia **125**

Vidyasagar, M., "A Theory of Learning and Generalization" , Springer-Verlag, 1997.

Von Der Malsburg, C. Network Self-organization, in Na Introduction to Neural and Eletronic Networks. San Diego, CA: Academic Press, 1990.

Von Neumann, J. The Computer and the Brain, New Haven, CT: Yale University Press, 1958.

Impressão e acabamento
Gráfica da Editora Ciência Moderna Ltda.
Tel: (21) 2201-6662